精准扶贫模式的高校探索
华南理工大学的实践与启示丛书

主编 章熙春 副主编 麦均洪

产业崛起

CHANYE JUEQI

兴业扶产实践与创新

XINGYE FUCHAN SHIJIAN YU CHUANGXIN

⊙张卫国 陈明 樊霞 张峰 编著

华南理工大学出版社
SOUTH CHINA UNIVERSITY OF TECHNOLOGY PRESS
·广州·

图书在版编目（CIP）数据

产业崛起：兴业扶产实践与创新 / 张卫国等编著. —广州：华南理工大学出版社，2020.10

ISBN 978-7-5623-6469-6

Ⅰ. ①产… Ⅱ. ①张… Ⅲ. ①产业－扶贫－研究－中国 Ⅳ. ① F269.2

中国版本图书馆 CIP 数据核字（2020）第 171558 号

产业崛起：兴业扶产实践与创新
张卫国 陈明 樊霞 张峰 编著

出 版 人：卢家明
出版发行：华南理工大学出版社
（广州五山华南理工大学 17 号楼，邮编 510640）
http：//www.scutpress.com.cn E-mail：scutc13@scut.edu.cn
营销部电话：020-87113487 87111048（传真）
出版统筹：王 磊
责任编辑：刘 锋
责任校对：梁晓艾
印 刷 者：广州市人杰彩印厂
开 本：787mm × 960mm 1/16 印张：14 字数：252 千
版 次：2020 年 10 月第 1 版 2020 年 10 月第 1 次印刷
定 价：88.00 元

精准扶贫模式的高校探索

——华南理工大学的实践与启示丛书

编委会

总 序

章熙春

习近平总书记指出，消除贫困是当今世界面临的最大全球性挑战，“消除贫困、改善民生、逐步实现共同富裕，是社会主义的本质要求，是我们党的重要使命”①。新中国成立以来，党和政府带领人民持续向贫困宣战，经过改革开放四十多年来的努力，我国成功走出了一条中国特色扶贫开发道路，成为世界上减贫人口最多的国家，也是世界上率先完成联合国千年发展目标的国家，充分彰显了中国共产党领导和中国特色社会主义制度的巨大优越性。其中，高校作为中国特色扶贫体系的一支重要力量，具有人才资源集中、教育资源丰富、校友资源广布等特点，在激活贫困地区脱贫内生动力和持续发展能力方面具有显著优势，为中国减贫事业做出了不可或缺的贡献，并将在助力长效脱贫、阻断返贫链条以及助推乡村振兴的实践中扮演更为关键的角色。因此，总结高校扶贫经验与模式对后扶贫时代的扶贫工作具有重大现实意义。

作为国家重点建设的“双一流”大学，华南理工大学与定点帮扶地区人民携手八载、砥砺前行，始终坚持以人的可持续发展为核心，构建“大教育扶贫”帮扶格局，打造重教扶智、兴业扶产、振乡扶民“三扶一体”的“全方位扶贫”体系，实施智力扶贫、产业扶贫和组织扶贫等“精准化扶贫”帮扶举措，取得了贫困地区发展动力、发展活力与发展能力“三力协同”的“可持续发展”帮扶成效，为精准扶贫模式的高校探索贡献了“华工方案”。

笃行：砥砺八载构建“大教育扶贫”帮扶格局

华南理工大学坚持将定点扶贫纳入全校“一盘棋”来谋划，并作为“一把手”工程来推进，构建了学校党委书记和校长挂帅亲征、扶贫开发领导小组牵头统筹、各部门分工合作、全校师生员工和校友共同参与的“大教育扶贫”帮扶格局。

早在 2004 年，根据广东省“十百千万”干部下基层驻农村的要求，华

①习近平．在中央扶贫开发工作会议上的讲话（2015年11月27日）［M］//十八大以来重要文献选编：下．北京：中央文献出版社，2018：31.

南理工大学就开始选派驻村干部参与扶贫开发工作。2013 年起，按照教育部关于滇西边境山区区域发展与扶贫攻坚工作的统一部署，华南理工大学定点扶贫云南省临沧市云县，同时选派干部到云南省普洱市孟连傣族拉祜族佤族自治县（下称孟连县）挂职。2016 年 4 月开始，华南理工大学又积极响应教育部和广东省定点扶贫工作部署，全力推进广东省揭阳市惠来县孔美村的扶贫工作。学校以习近平总书记关于扶贫工作重要论述精神为指导，紧紧把握“扶贫开发贵在精准，重在精准，成败之举在于精准”的核心要义，认真落实教育部陈宝生部长“四个真”和“四件事”的具体要求，结合当地实际情况，依托学科优势、人才力量、科研实力、社会资源等，充分发挥智库作用和专业优势，精心谋划、长远布局，着力从传统的“输血式扶贫”转变为“造血式扶贫”，全方位落实落细帮扶举措，充分激活了定点帮扶地区的“内生造血”能力。

在具体举措上，2013年以来，华南理工大学累计选派扶贫干部20人，深入定点帮扶地区开展“三支一扶”工作的师生超过2500人次，培训定点帮扶地区党政领导干部和专业技术骨干累计超过8000人次。华南理工大学举全校之力，组建了云县全域旅游规划项目团队，确定了“1510”一体化全域发展策略（即1套顶层设计、5大落地抓手、10项推进行动），为云县精准扶贫谋划了清晰的“路线图”；积极发挥校友等社会资源的重要作用，为云县梳理谋划了近100个“旅游+”和“+旅游”相关项目，并以校友为纽带，发动一流企业和一流投资商到地方落地投资，总额近5000万元；开展“白花木瓜资源开发基础研究”和“木瓜醋及膳食纤维饮料开发”科研项目，对云县茅粮酒业集团司岗里果酒系列产品的开发和营收贡献达上亿元；完成孔美村《社会主义新农村示范村整治创建规划》编制，获得“南粤村庄（整治）规划设计大赛特等奖”；成立“孔子美种植专业合作社”，为孔美村引进和种植“软华优1179”等3个优质水稻品种……在全体师生以及帮扶地区各级党政机关干部、人民群众共同努力之下，华南理工大学精准扶贫工作成效振奋人心：2018年9月，云县成为云南省史上第一次、滇西第一批、临沧市第一个脱贫摘帽县，正式退出国家贫困县行列，2019年云县贫困发生率为零；2019年12月，孔美村94户贫困户412人全部脱贫，孔美村退出贫困村之列。

华南理工大学精准扶贫工作成效得到了社会各界的广泛认可。学校定点扶贫项目从2017—2020年连续四年被评为教育部直属高校精准扶贫精准脱贫典型项目，定点扶贫工作连续两年被国务院扶贫办评定为“好”（最高等次）。2015年，学校“构建多层次、多形式的教育帮扶体系”被教育部评为

“滇西边境片区精准扶贫典型落地项目”，并收入《高校定点扶贫典型案例集》。2016年，学校“孟连县生态牧场建设、肉牛育肥及特色牛肉制品加工关键技术研究与产业化”科研项目，被推荐为“云南科技创新强省计划（农业）州（市）党政一把手科技示范工程项目”。2017年，学校“普洱茶文化旅游产教融合新模式的探索与示范”获批教育部“西南地区旅游和健康教育扶贫试验项目”。2018年，学校作为8所扶贫经验介绍高校之一，在全国教育扶贫论坛上做主旨发言。2019年，学校作为4所部属高校之一，在教育部直属系统扶贫工作推进会上交流定点扶贫典型项目经验。学校定点扶贫经验还被收录到《中央单位定点扶贫案例》和《全国教育扶贫典型案例》中。

求索：“三扶一体”的“全方位扶贫”帮扶体系

在长期深入的帮扶实践中，华南理工大学通过打造重教扶智、兴业扶产、振乡扶民“三扶一体”的“全方位扶贫”帮扶体系，逐步探索出智力扶贫“I-DEA”模式，基于品牌价值提升的高校全产业链扶贫模式以及高校扶贫“RAISE”模式等“精准化扶贫”帮扶举措。三个层面的帮扶举措在塑造贫困乡村发展动力、增强发展活力、强化发展能力，推动贫困地区民智、民生、民志共同发展，让贫困群众心思“活起来”、生产“动起来”、生活“富起来”等方面，形成了“三力协同”的“可持续发展”帮扶格局。

一、以重教扶智塑造内生动力

习近平总书记指出，扶贫必扶智，治贫先治愚。良好的知识结构是农村脱贫的内在动力。华南理工大学在智力扶贫工作中不断贯彻“大教育扶贫”理念，通过知识的传播与渗透，提升贫困家庭自我发展的内生动力，并将这些内生动力转化为脱贫发展的势能，逐步构建起以“党政引智”（intelligence delivery）为“纲”，以“孕才育智”（intelligence education）为“柱”，以“长效增智”（intelligence accumulation）为“径”的智力扶贫“I-DEA”模式。

华南理工大学重视通过挂职干部对定点帮扶地区的群众进行“扶志化民”，灌输先进的思想理念并培植积极的脱贫信念，从而塑造优良的乡风民风，培育和壮大贫困地区群众“靠辛勤劳动改变贫困落后面貌”的内生动力。依托本校及各级附属教育机构的办学优势，华南理工大学重点扶持对口支援贫困地区的教育事业发展，集中开展两地中小学、幼教教师交流和各类教师培训指导活动，加强教育人才输送以及物质性教育资源投入，构筑并强化了贫困地区人力资本提升、贫困代际传递阻断的组织标杆。

智力扶贫不仅包括常规的基础教育扶贫，还包括对基层干部、普通村民的能力培训。华南理工大学依托自身党建组织工作优势，通过挂职党政干部和学生党员志愿者队伍，充分发挥党建引领作用，积极依靠现代信息技术开展“云上”培训和党建活动等，对定点帮扶地区干部队伍进行思想“扶志”软培训，从组织建设上提升对口帮扶地区干部的认识水平和精神风貌，构筑起当地脱贫工作的坚强战斗堡垒。依托高校专业研究与教学优势，华南理工大学组织相关院系对接定点帮扶地区的生产经营企业，通过开展线上技术技能培训与实地技术帮扶指导，以及组织帮扶地区企业家赴发达地区先进企业参观学习等活动，从“请进来”和“走出去”两方面为定点帮扶地区产业发展提供智力支持。同时，学校不定期开展针对企业负责人的经营管理培训，从生产经营“硬技术”和经营管理“软技能”两个方面为定点帮扶地区企业提供智力支持，实现“扶智”与“扶产”目标的有效衔接，将教育扶贫举措真正延伸至可直接提高贫困地区经济效益的领域。

二、以兴业扶产增强发展活力

良好的产业结构与基础，是实现农村脱贫与可持续发展的重要条件。华南理工大学在组织实施产业扶贫的过程中，十分注重农村产业需求与高校优势资源的适配性。在开展产业扶贫项目之前，注重对农村产业基础的科学调研，在充分把握当地产业发展需求的基础上，结合高校的优势资源，综合研判未来产业与市场发展趋势，规划与部署产业扶贫项目，从而有效提升农村产业的发展活力。在“需求—供给相适配”的理念和“全产业链扶贫”的思路指引下，华南理工大学将当地产业发展的实际需求和学校的专业优势结合起来开展产业扶贫工作，切实提高了当地农民的收入。

华南理工大学在孟连咖啡产业和云县云酒产业、云茶产业、云鸡产业、云县电商产业的扶贫实践中，逐步形成了“基于品牌价值提升的高校全产业链扶贫创新模式”。例如，华南理工大学在对孟连地区的农特产品进行调研后发现，优质咖啡种植是振兴当地经济的一个重要产业资源，但是产业初级、生产粗放，没有深加工产业链，没有畅通的销售渠道以及品牌知名度不高等问题，都严重制约着当地咖啡产业的发展，优质咖啡在市场上被贱卖，直接导致咖啡种植户的收入难以提高。产业振兴的关键在于品牌振兴，只有打通渠道、提升品牌价值，才能带动咖啡产业整体链条的价值提升。为此，学校挂职干部和帮扶团队全面导入“品牌农业”战略，创建了一个少数民族文化与校园文化结合的品牌——“华&连咖啡”，开发和创新咖啡产品，以独特的中国风味主张回溯咖啡生产加工、产品研发以及绿色高效种植等环节，实现以品牌价值拉动咖啡种植、研发、生产、加工、销售等产业链各环节的价值提升，最终有效提升了云南孟连咖啡的市场竞争力。除了孟连咖啡，华南理工大学还为云县茶、酒、鸡等产业，提供了“全产业链扶贫”的帮扶举措，产生了巨大的商业价值和社会效益。

三、以振乡扶民强化持续能力

农村组织建设是扶贫工作的重中之重，是应对农村扶贫需求与扶贫供给“双重分散性”挑战的重要举措①，也是乡村振兴的必备能力要件②。除了智力扶贫和产业扶贫，华南理工大学也非常重视组织扶贫，包括人才队伍的培育和良善制度的建设。华南理工大学以全域共兴作为理念引领，以组织化为路径，通过农村社会关系重塑、人居环境提升以及文化治理三个方面重塑农村社会的公共性，形成了高校扶贫“RAISE”模式——把贫困地区作为一个有机整体，以“R”（reorganize，再组织化）为路径、“A”（autonomous，基层自治）-“I”（inspiring，文化激励）-“S”（sustainable，环境可持续）为行动指引、“E”（ego，内生动力）为目标，为贫困地区构建一个组织的“稳态”。

在农村经济社会的发展中，人才是核心，领导干部是关键。无论是智力扶贫还是产业扶贫，最终所有工作都要由人来执行，从这个意义上讲，人才队伍的组织建设是扶贫工作中最为重要的因素。华南理工大学的扶贫工作改变了过去单纯向贫困地区输送干部人才的做法，转而为贫困地区培养大批本土化的科技和管理人才，并通过人居环境与文化治理使人才队伍与制度建设相互嵌合，以组织化建设回应基层治理公共性的提升需求，真正实现组织动员功能。具体举措包括以下几个方面：一是通过挂职干部人才输送、培养当地的基层干部队伍和新型农民，塑造政府、社会、市场等领域的多中心公共治理主体。通过引入良善的组织制度，例如基层党建制度、村民自治制度等，持续不断地吸引更多的人才进入村级组织，激励其更好地开展扶贫发展工作。二是从“全域—社区—民居”三个层面实现突破，通过人居环境建设与提升，为乡村组织化建设提供一个稳定、可持续的公共空间载体。三是推动贫困地区文化传统、文化经济与文化精神三个要素的再造，复兴乡村公共

①夏支平．农村精准扶贫的组织问题［J］．农业经济问题，2019（9）：31-38.

②贺雪峰．农民组织化与再造村社集体［J］．开放时代，2019（3）：186-196.

精神。在扶贫资源统筹配置、治理关系组织重塑、人居环境场域建设和地方文化活化再造中，发挥党建下乡与组织引领的作用，激活乡村社会的公共利益、公共空间和公共精神，有力推动了贫困地区的减贫与发展。

致远：以“可持续发展”帮扶成效推动乡村振兴

习近平总书记指出，2020年“是决战决胜脱贫攻坚和全面建成小康社会的收官之年，要千方百计巩固好脱贫攻坚成果，接下来要把乡村振兴这篇文章做好，让乡亲们生活越来越美好”①。面向未来，高校帮扶工作不仅要关注农民减贫、不返贫问题，更需要发挥自身知识集聚的科研优势，思考乡村可持续发展的问题，担当好乡村发展的转化器、适配器、接合器角色，肩负起助推乡村振兴的时代使命。

一、内生潜能与发展势能的转化器

高校智力扶贫应当做好乡村内生潜能与发展势能的转化器。农村贫困很大程度上是由于知识贫困，农民的认知能力和技能水平受到限制，无法形成自我发展的势能，难以摆脱贫困。因此，农村的脱贫发展需要一场知识革命，通过教育和技能培训提升农民的认知能力，激发其自我发展的内生动力。农民知识技能的提升将直接助力产业发展，使他们能够更好地参与到相关的产业工作中，从而提升其经济收入。同时，农村基层组织的完善也需要管理人才作为支撑，农民知识技能的提升可以为组织扶贫提供能力基础，有利于基层组织制度的良性运行和维护。

高校具有丰富的知识储备和传播团队，智力扶贫可以说是高校扶贫的重头戏。在智力扶贫中必须坚持内在潜能与发展势能的良性转化，强调全社会的“大教育扶贫”，让高校帮扶成为农村内生潜能与发展势能的转化器。除了传统的教育帮扶，高校也要重视对农民的技能培训，确保知识能够转化为农民脱贫发展的能力储备。更为重要的是，高校在智力扶贫中应进一步强调将内在能力储备转化为强大发展势能，在精神层面实现从“要我脱贫”到“我要脱贫”的转变，在乡村社会完成一次全面发展的知识革命。扶贫既要“扶智”，更要“扶志”，这是高校智力扶贫能够切实发挥作用的关键。

二、市场需求和产业供给的适配器

高校产业扶贫应当做好外部市场需求与乡村产业供给的适配器。所谓

①2020年5月11—12日，习近平总书记在山西考察时的讲话.

贫困，其基本含义在于家庭收入难以维持家庭的合理支出。对此，扶贫的首要任务是提高农民家庭的经济收入。而要提高农民的经济收入，产业发展是基础，只有发展更多更好的产业，才有可能持续提升农民的收入。同时，产业的发展也有助于智力扶贫的开展，尤其是在提升农民生产技能方面。换言之，智力扶贫尤其是技能扶贫离不开产业载体，只有在推动产业发展的实践中，农民的知识技能才有可能真正得到提升。同时，产业发展也为组织扶贫提供了经济支持，产业的发展正是农民组织化发挥作用的重要契机，例如管理人才的培养、组织制度的完善，都可以在产业发展中得以实践。只有农村的产业发展起来，组织建设所需要的人才方能留得下，组织的制度才有可能长期有效运转。

高校产业扶贫必须坚持需求与供给的适配性，倡导“全产业链扶贫”的思路。作为科研单位，高校的产业扶贫非常注重前期的需求调研，通过实地考察、座谈访谈、数据采集分析，明确扶贫对象的真实困难与可能的市场需求，尤其是全产业链各环节中存在的问题和原因，继而结合高校自身的优势资源（尤其是学科资源和科研优势）进行需求匹配，在需求—供给相适配的基础上，制定合理的扶贫发展规划。

三、善治人才和良序组织的接合器

高校组织扶贫应当做好乡村善治人才和良序组织的接合器。农村的脱贫和可持续发展，本质上是一项公共产品供给的过程，所有人都将在这个过程中受益，也都需要深度参与其中。在这个意义上，脱贫发展从来就不是贫困人员的个人事情，而是具有公共属性的组织活动。农村的贫困往往就是因为农民缺乏组织，分散的个体无力对接基础设施建设的需求，无法消化外部市场的机会与风险。因此，农村的脱贫发展需要将农民组织起来，通过干部队伍重建和组织制度完善，确保各项扶贫发展工作能够得到良善执行。农村基层组织建设有助于公共产品的有效供给，例如农田水利和机耕道的建设、碎片化土地的整合治理等，这些都有助于优质产业的引入和发展。农民的教育和技能培训，同样离不开基层组织的动员，基层组织助推一把、引导一下，将更能激发农民接受新知识新技能的热情和动力。

组织扶贫必须坚持人才与制度的嵌合性，回应农村社会公共性重塑的现实需求。组织建设的关键有三个方面：一是培养合格的管理人才，二是设置良善的组织制度，三是人才培养与制度建设相辅相成。高校的组织扶贫工作在这三个方面都大有可为——利用教学资源丰富的优势开展多层次的人才培养，采取党建引领的方式完善农村基层组织的管理制度，培养的人才能够承接基层组织的工作任务，而基层组织对人才也有较大的吸引力。正因如此，高校的组织扶贫能够有效提升基层治理的公共性，进而推动农村的脱贫与可持续发展。

察往知来，砥砺创新。站在2020年全面建成小康社会目标实现之年、全面打赢脱贫攻坚战收官之年，华南理工大学尝试从一个个鲜活的扶贫实践案例中，总结和提炼出一条可复制、可推广的高校精准扶贫之路。在学校扶贫开发领导小组的领导下，一方面通过多部门联动，跨学科专家共同研讨，编写组深入扶贫现场开展多轮实地调研，与学校扶贫干部、地方干部、企业、农户等主体进行深度访谈。另一方面，结合大量既有的研究文献和华南理工大学扶贫过程中所形成的数据资料，理论联系实践，着力还原高校扶贫的经验逻辑。历经一年多，“精准扶贫模式的高校探索——华南理工大学的实践与启示丛书”应运而生，丛书从三个领域分别总结了高校扶贫的模式与启示，即《授人以渔：重教扶智实践与创新》《产业崛起：兴业扶产实践与创新》《全域共兴：振乡扶民实践与创新》。

这套丛书至少在以下三个方面具有创新意义。一是强调理念对于行动的指引性，这是高校扶贫工作的最大优势，可以为农村发展政策提供新思路。二是构建了农村脱贫发展“智力—产业—组织”三层结构体系，检验农村发展政策是否有效，就看这些政策是否与这一结构的需求相吻合。三是明晰高校本身所具有的资源与优势，有助于将理念引领作用精准投射于农村脱贫发展的三层结构上。丛书中涉及的经验总结和模式提炼，具有内在的科学性与合理性，不仅适用于高校扶贫工作，部分经验与模式也可以适用于其他主体的帮扶工作。乡村脱贫后的振兴与发展，可以充分借鉴高校扶贫的经验和模式，在巩固脱贫成果的同时，进一步推动乡村的可持续发展。

这套丛书既是对华南理工大学八年扶贫工作的总结和提炼，也是对新时代乡村振兴之路的探索。仅以丛书致敬我们的时代，致敬所有投身于我国扶贫大业的人们，致敬筑梦复兴的祖国大地！展望未来，华南理工大学将继续投身于稳定脱贫和乡村振兴事业，为中华民族伟大复兴的中国梦贡献“华工智慧”和“华工力量”！

（作者系华南理工大学党委书记）

前言

2020年是我国决胜脱贫攻坚的重要一年。多年来，我国为实现全面脱贫做出了巨大努力，也取得了显著成效。然而，我国多年来的小农经济基础以及对乡村产业发展的忽视，使得当前我国乡村产业的发展呈现出小、散、乱的尴尬局面。乡村要发展，怎么发展？农民要脱贫，如何脱贫？产业发展不起来，农民没有稳定的收入来源，就难以实现自我造血，幸福富足的生活自然也举步维艰。因此，要实施产业扶贫，发展乡村产业，实现乡村的可持续性发展，从而带动更多人实现脱贫致富。

产业扶贫一直是习近平总书记扶贫重要论述的重点内容。产业扶贫是脱贫攻坚的核心措施，而品牌农业是农业产业提质增效的有效方式。一方面，乡村的自然资源丰富，但由于各方面原因并没有得到有效的开发和利用，产业发展缓慢。另一方面，农业供给与市场需求存在着较为尖锐的矛盾，消费者想要质量安全有保证的优质农产品，但市场上良莠不齐的农产品极大地打击了消费者的信心。

要改变这种现状，就必须要转变发展思维，立足于品牌价值承诺，从消费端的需求出发来打造乡村特色产业，并且从全产业链的角度对发展的各个环节提出具体要求。发展品牌农业，打造乡村特色产业，让消费者买得省心、用得放心，从而实现品牌溢价，有效打通第一、二、三产业，使优质农产品的价值得到体现，增强农民安心做产业的信心，最终使乡村产业得到快速发展，农民实现脱贫致富。

华南理工大学自2013年开始对点帮扶贫困县，多年来为云县派去了多位挂职干部或专家学者。针对云县产业发展存在的问题，华南理工人和云县的政府干部、企业家、农民等积极探索，不断攻克难题，找到解决问题的方法，带动了当地经济的发展。针对云县发展的实际问题，华南理工结合自身的学科优势，对云县产业发展问题和解决方法进行延伸和拓展，从而总结出一套产业扶贫的模式——品牌价值拉动的高校全产业链扶贫模式，并撰写成本书。

本书共三篇：理论篇、实践篇、启示篇。

第一篇为“理论篇”。本篇首先从国家产业扶贫、品牌农业相关政策和当前我国产业发展困境出发，介绍产业扶贫的背景，解释产业扶贫对于乡村振兴的重要意义。而后，系统梳理了国内外产业扶贫的理论、模式与实践，阐释习近平总书记关于产业扶贫的重要论述和国家产业扶贫相关战略、规划及政策，以及高校产业扶贫的演进。接着根据全国范围内的调研数据，从农业全产业链的角度详细介绍我国当前农业产业发展以及产业扶贫的过程中存在的问题，并进行原因分析和对策探讨。最后，基于品牌价值提升的角度提出高校全产业链扶贫的创新理论、模式和帮扶路径。

第二篇为“实践篇”。在理论篇的基础上，依据“主导产业到村、产业精准到户、利益连接到人”的产业扶贫思路，以“孟连咖啡”“云茶”“木瓜酒”“云鸡”以及“云电商”五个华南理工大学产业帮扶的典型案例，从区域产业、村镇经济以及个人创业三个层次，分别介绍农业高质量发展、农村产业振兴、农民如何脱贫致富的探索经验及实践成果。以案例的形式，阐释华南理工大学将产业扶贫理论与扶贫实际相结合，努力探索高校产业扶贫实践的“新路子”，展现华南理工大学在产业扶贫实践过程中从“顶层设计”直至“到村到户”的显著成效和丰富经验。

第三篇为“启示篇”。本篇在理论篇和实践篇的基础上，进一步总结出高校进行全产业链扶贫的三个具体模式，即：“高校专家团队+农户”的教师指导服务帮扶模式、“高校科研项目+合作社”的学科技术成果转化帮扶模式、“高校创新平台+产业”的平台搭建帮扶模式。除此之外，本篇也针对当前农村产业发展过程中存在的深层问题，以及国家农业发展政策从“精准扶贫”转移到“乡村振兴”的战略转型的新形势，提出了高校进行乡村产业帮扶的未来方向。

本书集合了众多专家的产业扶贫理论研究与应用实践成果，以及多年来深耕产业扶贫一线的工作人员和管理者的经验和智慧，不仅对我国产业扶贫理论和模式进行提炼和创新，还通过总结华南理工大学多年来在产业扶贫方面的不断探索、大胆实践所积累的宝贵经验和成效，对高校参与产业扶贫的模式和路径进行提升和发展。

综合而言，本书的主要贡献如下：

一是创新性地提出“品牌价值拉动的高校全产业链帮扶模式”，使高校产业帮扶不再局限于产业链的某一个技术环节，而是从对终端消费者的品牌价值承诺出发，倒逼全产业链上的各个环节，使其达到品牌承诺的要求，从而提升产业链各环节，实现产业振兴、带动农户致富。“品牌价值拉动的高校全产业链帮扶模式”，为高校产业扶贫工作提供了目标——培育乡村特色产业品牌。

二是全面展示华南理工大学多年来主动开展产业扶贫实际调研的成果、产业扶贫实践的典型案例和具体举措，系统论述如何将品牌价值提升的高校全产业链扶贫创新理论应用于产业扶贫实践，以及所取得的显著成效。阐释了“主导产业到村、产业精准到户、利益连接到人”的高校扶贫思路，为全国高校开展产业扶贫工作提供参考。

三是面向全面实现小康社会目标和“精准扶贫”转移到“乡村振兴”的战略转型的新形势，提出高校进行乡村产业帮扶需要打造特色农业产业链、构建现代品牌农业示范园、推动人才下乡、创新农产品销售模式、建立乡村振兴产业实验室等发展方向。

传统的小农经济模式一定程度上限制了我国农村产业的发展，致使“小、散、乱”成为当前我国农村产业发展的普遍情况，农产品价值得不到体现，好产品的价格被越压越低，十分打击种植户的积极性，对产业的发展造成不利影响。

农村产业发展的问题与困境是多年来多方面原因造成的，高校参与产业扶贫，目的就是要利用高校的学科优势、专家力量等振兴当地的农业特色产业，改变农村产业过去萎靡不振的状态，为产业发展注入活力。

华南理工大学作为全国双一流建设大学之一，应发挥好高校扶贫攻坚的作用，用华南理工的优势，带动一方产业兴旺！我们相信，在越来越多人关注脱贫攻坚的时代，我们必定打赢脱贫攻坚战，向着更加美好的生活前进！

目录

上篇 理论

中篇 实践

下篇 启示

产业是发展的根基，产业兴旺，乡亲们收入才能稳定增长。要坚持因地制宜、因村施策，宜种则种、宜养则养、宜林则林，把产业发展落到促进农民增收上来。

——2019年7月15日，习近平总书记在内蒙古考察并指导开展“不忘初心、牢记使命”主题教育时的讲话

上篇

理论

第一章
产业扶贫理论演进与实践发展

第一节　产业扶贫背景

一、政策背景

（一）产业扶贫政策背景

2020年是全面打赢脱贫攻坚战的收官之年。在2020年我国将实现农村贫困人口全面脱贫。产业扶贫作为精准扶贫的抓手，是贫困地区实现造血功能的主要手段，它也一直是习近平总书记扶贫重要论述的重点内容。习近平总书记指出，实现脱贫的根本之策是发展产业，推动脱贫攻坚的根本出路在于培育产业。

2018年12月12日，习近平总书记在打好精准脱贫攻坚战座谈会上提出，“产业扶贫是稳定脱贫的根本之策，但现在大部分地区产业扶贫措施比较重视短平快，考虑长期效益、稳定增收不够，很难做到长期有效。如何巩固脱贫成效，实现脱贫效果的可持续性，是打好脱贫攻坚战必须正视和解决好的重要问题。”这一论断点明了产业扶贫在脱贫攻坚工作中的重要地位。产业扶贫是精准扶贫中能够最大限度调动贫困人口自身主观能动性的帮扶措施之一，是遏制“返贫”、阻隔贫困代际传递的重要抓手。产业扶贫是开发式扶贫的具体表现形式与核心内容，也是精准扶贫“五个一批”工程中的“第一批”。

产业扶贫是一种内生性、根本性的扶贫路径，由于其自身具有灵活性、多样性和适应性的特征，因而被贫困地区广泛采用。总体上，产业扶贫能够带动贫困户参与产业化经营，促进贫困户就业增收脱贫，可以取得较好的减贫效果。产业扶贫结合了区域产业发展政策与区域扶贫政策。与单纯的产业发展相比，它赋予了对特殊受众（贫困人口）的瞄准性与特惠性。与其他的区域扶贫措施相比，它给予贫困人口摆脱贫困的可行路径。产业扶贫强调贫困人口在产业发展中获得收益，并以贫困人口的自我发展与能力提升为最终诉求，从而真正实现扶贫工作由“输血”式到“造血”式的根本性转变。制定好产业扶贫政策，对实现农村贫困人口通过产业发展脱贫，推动小康社会的全面建成，缓解长期存在的相对贫困和解决区域深度贫困问题具有重大意义。

自《中国农村贫困开发纲要（2001—2010）》正式将“产业化扶贫”确定为国家扶贫开发战略之一以来，各地紧锣密鼓地编制规划，因地制宜培育产业，大力培育新型经营主体，不断推动体制机制创新。着眼产业扶贫，一系列顶层设计、规划部署、扶持政策相继出炉，搭起了产业扶贫、精准脱贫的“四梁八柱”。对扶贫政策的文本分析结果显示，中华人民共和国成立至2012年，产业扶贫在我国反贫困工程中的重视度不够；2013年以来，包含产业扶贫内容的政策文件呈爆发式增长。2013年底，习近平总书记首次提出“精准扶贫”的思想，同时也多次强调转变传统扶贫模式，从“输血式”扶贫模式向“造血式”扶贫模式转变，而产业扶贫正是“造血式”扶贫模式的重要方式。随后产业扶贫开始在各类政策文件中出现。2015年11月，中共中央、国务院出台的《中共中央、国务院关于打赢脱贫攻坚战的决定》将产业扶贫提升到了一个新的高度，明确要求“发展特色产业脱贫”“全力支持贫困地区发展农产品加工业，加快三产融合发展，让贫困人口更多分享到农业全产业链和价值链的增值收益”，也就是以产业扶贫促进人口脱贫。2015年底，习近平总书记在《中共中央关于制定国民经济和社会发展第十三个五年规划的建议》中明确指出，“到2020年，以产业扶贫解决3000万人脱贫”。产业扶贫进一步被提到国家战略的层面，2016年、2017年新增的包含产业扶贫内容的政策文件开始激增，再次体现中国各级政府强有力的执行力①。

2017年，中央明确提出，“十三五”期间通过产业扶贫实现3000万以上农村贫困人口脱贫。2018年，国务院在《中共中央、国务院关于打赢脱贫攻坚战三年行动的指导意见》中明确了产业扶贫的发展目标、基本原则、重点任务、保障机制。2020年，农业农村部办公厅和国务院扶贫办在《综合司

①修兴高．中国产业扶贫模式比较研究［D］．福州：福建师范大学，2018．

关于做好2020年产业扶贫工作的意见》中强调产业扶贫是稳定脱贫的根本之策，也是巩固脱贫成果、防止返贫的关键措施，要切实做好产业扶贫工作，为打赢脱贫攻坚战、巩固脱贫攻坚成果提供有力支撑。

自2013年习近平总书记“精准扶贫”思想提出后，产业扶贫的各级政策中也深刻体现了该思想。2016年9月，农业部印发《关于加大贫困地区项目资金倾斜支持力度　为促进特色产业精准扶贫的意见》，明确要求加大在贫困地区的农业生产基础设施、农业科技推广服务、现代农业产业体系、新型经营主体发展、农业防灾减灾等项目上的资金投入力度。同年，为贯彻落实国务院扶贫办、发展改革委、中央网信办等16部委共同印发的《关于促进电商精准扶贫的指导意见》，强调发展农业电商在带动贫困地区脱贫中的作用，农业部联合发展改革委等8个部门共同印发了《“互联网+”现代农业三年行动实施方案》，9月印发了《“十三五”全国农业农村信息化发展规划》，具体提出了支持农业电子商务发展的实施政策和重大工程。2016年底，农业部配合国家发展改革委印发了《关于引导农业领域政府和社会资本合作的指导意见》，部署了重点领域与路径，要求各地围绕重点领域，选择适合当地特点、示范性的试点项目，同时积极协调金融机构，为试点项目提供便利高效的融资服务。

在相关政策的引导支撑和保障之下，产业扶贫取得了显著成效。贫困地区的特色产业不断壮大，产业扶贫得到较快的发展，经济活力和发展后劲也明显加强。在精准产业扶贫实践中，本着“主导产业到村、产业精准到户、利益连接到人”的产业扶贫思路①，政府通过实行宏观调控和制定法律法规等手段，通过优化市场环境来确保农业产业市场化，来提高贫困农民的收入和改善贫困农民的生活水平。例如，河北省进一步落实国家精准扶贫工作要求，在农业产业扶贫上下工夫，发挥特色养殖业增收致富，实现“精准滴灌”，推动全省贫困户快速脱贫。充分发挥生态养殖业扶贫的基础作用，大力发展生态养殖，创新扶贫模式，带动群众逐步走向致富之路。又如陕西省充分利用金融扶贫政策，在21个县组织36家涉农企业和合作社开展现代农业产业精准扶贫新模式试点，带动贫困户3.76万户、13万人加入其中，有效促进了该地区的经济发展。在企业主导的产业扶贫实践中，企业依据政府的政

①奉节：以产业到村到户 实现效益兴民富民. http://cq.people.com.cn/n2/2020/0521/c365411-34033805.html.

策优惠，结合当地的自然资源、产业优势、劳动力等优势，开展经营生产、技术引导、劳动力就业等来改善贫困地区的现貌。

综上所述，产业扶贫能够结合区域产业发展政策与区域扶贫政策，通过激活贫困群众内生发展动力，协调贫困个体与贫困地区的共同发展，从根本上阻断贫困发生的动因，实现经济效益与社会效益的可持续发展。尽管在实践中，地方政府大力推进产业扶贫，取得了一定的成效，学术界对产业扶贫研究也正在不断深化，但是目前有关产业扶贫的中国实践和中国模式总结不多，因此亟须在理论上对产业扶贫的理论及其模式进行梳理和总结。

（二）品牌农业政策背景

2018年2月，《中共中央、国务院关于实施乡村振兴战略的意见》发布。乡村振兴战略提出生产发展，其本意即大力发展农业。坚持“二十字”方针，即产业兴旺、生态宜居、乡风文明、治理有效和生活富裕。产业兴旺排在首位，产业兴则百业兴。乡村振兴战略是党的十九大提出的一项重大战略，是关系全面建设社会主义现代化国家的全局性、历史性任务。要把打好精准脱贫攻坚战作为实施乡村振兴战略的首要任务，推动脱贫攻坚与乡村振兴有机结合、相互促进，确保到2020年我国现行标准下农村贫困人口实现脱贫。

为更好地实施乡村振兴战略，做好以习近平新时代中国特色社会主义思想为指导的“三农”工作，2019年中央一号文件《中共中央、国务院关于坚持农业农村优先发展　做好“三农”工作的若干意见》指出，必须“以实施乡村振兴战略为总抓手”。围绕实施好乡村振兴战略，2019年中央一号文件谋划了一系列重大举措，确立起乡村振兴战略的“四梁八柱”。文件同时指出，必须“着力解决突出问题。注重发展长效扶贫产业，着力解决产销脱节、风险保障不足等问题，提高贫困人口参与度和直接受益水平”，要“坚持扶贫与扶志扶智相结合”，注重“增强贫困群众内生动力和自我发展能力”。

发展长效扶贫产业，关键有二：一是“产业”，即基于资源打造产业；二是“长效”，即产业生产出的产品投放到市场后，要有长期良性的发展。因此，做好“三农”工作，发展长效扶贫产业，关键在于打造品牌农业，逐步形成“村村有主导产业，户户有增收项目，人人有脱贫门路”。

所谓品牌农业，“就是要彻底改变传统农业生产、加工和经营的思想和方式，引入工业化先进的管理思想、技术、品牌营销模式和人才，把农业产品像工业品那样加工和经营，以全新的方式振兴和发展”①。

2018年中央一号文件《中共中央、国务院关于实施乡村振兴战略的意见》提出，要实施质量兴农战略。2019年2月18日，农业农村部、国家发展改革委、科技部、财政部、商务部、国家市场监督管理总局、国家粮食和物资储备局制定的《国家质量兴农战略规划（2018—2022年）》（下称“《规划》”）向社会公布。《规划》着眼于贯彻落实党中央、国务院关于实施质量兴农战略的决策部署，加快推进农业高质量发展，分阶段制定了到2022年和到2035年的质量兴农发展目标，提出了包括加快农业绿色发展、推进农业全程标准化、促进农业全产业链融合、培育提升农业品牌、提高农产品质量安全水平、强化农业科技创新、建设高素质农业人才队伍等七个方面的重点任务。

在当下社会经济发展水平和农业整体生产力水平日益提高的情况下，短缺经济时代背景下的“数量农业”已经不再是我国农业的出路。人们追求的不再是充足的粮食，而是健康、安全可靠、品种多样的，能满足人们多元化需求的农产品。因此，我国农业从“数量农业”走向“品牌农业”，是必然的趋势。②

2018年11月，我国农业农村部发出《关于加快品牌强农的意见》，提出要加快构建现代农业品牌体系，培育出一批“中国第一，世界有名”的农业品牌，力争用3～5年，我国农业品牌化水平显著提高，品牌产品市场占有率、消费者信任度、溢价能力明显提升，中高端产品供给能力明显提高，品牌带动产业发展和效益提升作用明显增强。重点培育一批全国影响力大、辐射带动范围广、国际竞争力强、文化底蕴深厚的国家级农业品牌，打造300个国家级农产品区域公用品牌，500个国家级农业企业品牌，1000个农产品品牌。

《中国农业品牌发展报告（2020）》指出，品牌强农是推动农业高质量发展、提升农业竞争力的必然选择，各地可以按照“打造一个品牌、带活一个产业、富裕一方农民”的思路，依托资源优势，创新农业质量效益全提升，从而实现乡村振兴。

①娄向鹏．品牌农业：从田间到餐桌的革命［J］．中国农村科技，2013（09）：30-33．
②冷志明．论品牌农业［J］．生产力研究，2004（10）：20-22．

二、现实背景

在我国整体经济下行压力加大、国际贸易关系愈发复杂的形势下，我国迎来了第一个百年目标的冲刺阶段。为稳定社会大局，在最后阶段奋力冲刺，必须做好“三农”工作。习近平总书记指出，我国农业农村发展已进入新的历史阶段，农业的主要矛盾由总量不足转变为结构性矛盾，矛盾的主要方面在供给侧。

供给侧的结构性矛盾，在于资源、产业、产品、市场、品牌未能充分发挥其各自的作用，无法有机整合起来，难以齐力推进农业现代化。当今中国农村，有少数贫困村尚未开发出良好的资源，但绝大部分农村虽拥有具备地方特色的资源，却缺乏整合资源的产业，抑或有了产业却未生产出优质的产品，有了产品却得不到市场的认可，有了需求市场却没打造出品牌，一旦环境变化便难以为继。归结为一点，就是当今扶贫工作进入瓶颈期，剩下的都是硬骨头，不能再依靠简单的金钱救济来解决贫困问题。目前产业扶贫还存在诸多亟待解决的现实问题或挑战，具体如下：

（一）资金匮乏，阻碍发展

产业扶贫中大部分是农业，且集中在种植养殖业领域，而这些领域的发展都需要长期的资金投入，一旦在种植养殖过程中出现资金链断裂的问题，会导致功亏一篑，脱贫后又重返贫穷，且财政前期投入的资金也无法收回。在产业扶贫资金投入方面，资金主要来自财政投入，尚未与社会、企业、银行等形成连接，难以支持扶贫项目的长期和持续开发，而另一方面，社会、企业、银行等资金充裕却找不到投放的项目和渠道。因此如何建立良好的融资机制，利用扶贫资金吸引外界投资，支持扶贫项目长效发展，将是今后开展产业扶贫的首要任务。

（二）产业初级，产品粗放

贫困地区产业大多以初级产品加工为主，缺乏深加工，加上相关生产设备和技术难以跟上，导致产品粗放，资源利用率低。同时，以农业生产为主，产业结构“短链”，大量生产同质产品却找不到市场进行消化，导致有产出却没收益的后果。如何选择主导产品，提高资源利用率，提高产品质量，延长产业链条是未来开展产业扶贫所面临的巨大挑战。

（三）产品过剩，品牌不强

产业扶贫最终要经过市场的考验，政府可以帮助产业扶贫项目落地生根，但却无法左右市场的选择。利用扶贫宣传打同情牌能够缓解一时的销售问题，但绝非长远之计。如何让贫困地区利用产地优势，打造品牌效应，在市场中占据一席之地是未来开展产业扶贫所面临的严峻挑战。

（四）效益失衡，难保长效

产业扶贫面向的是贫困地区的产业发展，贫困户作为扶贫对象是重点受益对象，若想要该地区产业做大做强，当地的非贫困户的参与非常重要。非贫困户本身已经具有了贫困户所缺乏的资金、技术和经验，在参与扶贫项目的过程中更能占得先机，获取更多收益。因此，贫困户容易心态失衡，丧失参与积极性。如何在发展产业经济的同时保障贫困户的利益将是今后开展产业扶贫不可避免的挑战。此外，从项目层面看，产业扶贫还面临项目的短期绩效与长期效益综合平衡的问题。农业生产的周期性决定了产业扶贫往往需要三五年甚至更长时间的持续投入，才能形成比较完善的产业链。如若处理不当，在产业扶贫项目上容易出现重短期绩效、轻长效机制①。

小康不小康，关键看老乡；农业强不强，关键看品牌。如果说中国农业是一项杂糅多条产业链、多种要素耦合的系统工程，那么品牌则是贯穿始终、从消费端倒逼生产端的一条主线，它引领现代农业的转型升级。品牌代表着消费结构和供给体系的升级方向，推进品牌强农，有助于农业由增产导向转向提质导向，促进资本、技术、信息、人才等要素向农业农村流动，加快构建现代农业产业体系、生产体系、经营体系，提高农业全要素生产率，培育农业农村发展新动能，助力农村一、二、三产业融合发展。

我国农业产业化、市场化程度低等问题严重削弱我国农业竞争力。而品牌农业的发展有利于推动建立完整的农业标准体系，加速实现城乡一体化和农业现代化，对于解决农业发展力量分散、力量不足，农业发展水平参差不齐等现实问题都有积极作用。②

纵览神州大地，洛川苹果、五常大米、西湖龙井、赣南脐橙……如一颗颗明珠，点缀在中华农业品牌的璀璨版图上，同时也给品牌强农提供了成功的范本。

①产业扶贫要处理好三种关系．http：//m.people.cn/n4/2018/1110/c204874-11871907.html

②干经天，李莉莎．论区域品牌农业［J］．农业现代化研究，2003（05）：356-359.

第二节　产业扶贫理论与模式综述

一、产业扶贫理论综述

（一）相关概念界定

迄今，产业扶贫的界定尚未形成一致性、权威性的观点，更多着眼于政策层面，作为基于产业撬动贫困人口再生产方式的一个指代。本书将从产业扶贫的相关论述出发，界定产业扶贫的定义，为后续讨论奠定基础。

1. *产业及产业发展*

产业是指国民经济中以社会分工为基础，在产品和劳务的生产与经营上具有某些相同特征的企业或单位及其活动的集合。

产业的发展是以市场机制为基础，通过价格、供求关系、企业竞争等影响人们利益得失的相关信息，引导人们调整自身经济行为，从而实现资源配置不断优化及效率不断提升的过程。在这个过程中还需要政府的管理和政策的调节。

产业发展的影响因素包括供给、需求和政策三个方面。供给因素包括产地的自然条件和资源禀赋、人力资源数量及质量、资金投入规模、商品供应相关要素（如基础产业、上游产业和下游产业发展情况）等；需求因素包括消费需求和投资需求；产业政策则包括了政府投资、产业协调等手段。

2. *产业扶贫*

产业扶贫因我国长期以来的开发式扶贫政策而生。国内提出与产业扶贫相关的研究是在20世纪初，真正开始产业扶贫实践是在20世纪80年代。正式提出产业扶贫的概念是在2001年颁布的《中国农村扶贫开发纲要（2001—2010年）》中，即“充分发挥贫困地区生态环境和自然资源优势，培植壮大特色支柱产业。通过扶贫龙头企业、农民专业合作社和互助资金组织，带动和帮助贫困农户发展生产”。

由此可知，产业扶贫旨在通过在贫困地区发展产业或以农业产业化的方式来帮助贫困地区实现可持续发展，是精准扶贫的一种，是对扶贫区域、扶贫对象实施精准识别、精准帮扶的扶贫方式。为了把握产业扶贫的内涵，本书将从扶贫主体、扶贫机制和扶贫效益三方面来阐述。

产业扶贫的主体包括政府、企业、非政府组织和贫困人群本身。政府在产业扶贫工作中处于领导的核心地位，是决定扶贫工作顺利开展的关键动力主体；企业作为扶贫的重要主体之一，以利益最大化为驱动力，能有效推动产业扶贫市场化和社会化；非政府组织也是产业扶贫主体之一，是产业扶贫的有效补充；贫困人群既是产业扶贫对象，更是产业扶贫的重要主体，只有当贫困人群作为主体主动参与到产业扶贫中，扶贫措施、策略、政策和资金才能通过政府、企业和非政府组织等外在主体发挥实效，实现真正脱贫。

产业扶贫的机制即产业化，亦即将贫困人群、市场、企业、中介组织和生产基地等通过一定的方式联结，并运用产销一体化经营模式实现扶贫资源的高度整合，进而提高贫困人口的自我发展能力。

产业扶贫的效益体现为“益贫性”和“效益性”双重作用。一方面，通过一体化将贫困人群纳入利益联结体中，使其能够参与利益分配进而获得或提高其收入，达到益贫的目的。这也是产业扶贫的政策性目的。另一方面，在政策引导下通过整合资源使得贫困地区产业能够获得持续发展，扶贫的投入将会获得回报，进一步释放扶贫效力，增加扶贫资金。这是产业扶贫的效益性目的，也是产业扶贫能够成为最有效扶贫手段的原因。

综上所述，产业扶贫在主体上强调贫困人群依靠自身的发展，通过产业化来实现益贫和效益的双重目的。结合以往学者的研究，本书将产业扶贫界定为“以市场为导向，以经济效益为中心，以产业集聚为依托，以资源开发为基础，对贫困地区的经济实行区域化布局、工业化生产、一体化经营、专门化服务，形成一种利益共同体的经营机制，把贫困地区产业的产前、产中、产后各环节结成统一的产业链体系，通过全产业链建设来推动区域扶贫的方式”。

（二）国内外产业扶贫理论及进展

如前所述，产业扶贫因我国长期以来的开发式扶贫政策而生，依靠的是能够进行高度干预的政府能力，本质是借助行政干预将扶贫与产业化有机结合。因此，产业扶贫的思想和理论是建立在反贫困理论和产业化相关理论基础之上，并结合中国扶贫实践应运而生的。

1. 产业扶贫的理论来源

产业扶贫相关理论的发展主要源于西方学者对反贫困经济问题的研究。代表性的理论有贫困恶性循环论、临界最小努力理论、“极化-涓滴效应”

理论、益贫式增长理论、二元经济结构论等。

贫困恶性循环论（拉格纳·纳克斯，1953）认为贫困是一种由缺乏资本（收入水平低）引起的恶性循环。一方面是供给方面的恶性循环，即由于缺乏资本，导致生产率低下，收入水平低，无法进行积累资本所需的储蓄，进而资本缺乏，循环往复；另一方面是需求方面的恶性循环，即由于收入水平低而购买力不足，导致需求萎靡，投资吸引力不足，进而工人收入低，周而复始。在该理论分析框架下，解决贫困问题的关键在于投资，只有增加居民储蓄，扩大投资，才能增强经济社会发展活力，打破贫困恶性循环。

临界最小努力理论（利本斯坦，1957）在贫困恶性循环理论的基础上所提出。该理论也认同解决贫困问题的关键在于投资，在考虑人口增长的前提下进一步提出投资水平应满足的条件，即保持足够高的投资率，使经济社会发展的刺激力量能够大于“临界最小努力”。换言之，要保证人均收入水平得到明显提高，则人均收入的增长要超过人均增长。

“极化-涓滴效应”理论（赫希曼，1958）承认区域经济增长是不平衡的，发达区域的经济增长对周边欠发达区域能产生有利的涓滴效应，即先富带动后富。在该理论框架下，为了实现脱贫，应该将有限的资源投入有带动作用的关键部门中，通过带动部门的投资效应带动其他部门发展。

益贫式增长理论（卢卡斯，2004）认为通过政府的制度设计和政策安排，可以使经济增长更有利于低收入者的收入增长，即通过让低收入者更多地分享经济增长成果来改善贫困地区和贫困人口的状况。

二元经济结构论（刘易斯，1954）将发展中国家的经济分为农业和工业两个部门，认为摆脱贫困的有效方式是通过扩大劳动生产率较高的工业部门来吸收劳动生产率较低的农业部门的剩余劳动力，即劳动力转移。

2. 产业化相关理论

交易费用理论（科斯，1937）和团队生产理论（阿尔钦和德姆塞茨，1972）可以用于解释一体化和产业化经营模式。交易费用被定义为运用市场机制的费用，包括人们在市场上搜寻有关的价格信息、为了达成交易进行谈判和签约，以及监督合约执行等活动所花费的成本。产品的交易费用决定产品的交易形式，即在进行产业扶贫时，其机制模式也取决于交易费用的多寡，呈现出多种形式，如农户、合作社、龙头公司等。

团队生产理论认为当单个生产要素的所有者利用其比较优势进行合作生产时，最终产品的总和将会大于分别进行生产的产出之和，因此每个参与合作生产的生产要素所有者所得的报酬也将比分别进行生产时要高。以一体化为核心的产业化生产将会为扶贫带来效益。

3. 习近平总书记扶贫开发思想

党的十八大以来，习近平总书记多次深入贫困地区指导扶贫工作，深刻阐明了我国扶贫开发工作所面临的重大理论和实际问题，以创新的思维和“精准”的理念提出了一系列符合新时期的扶贫开发工作需要的新理论。习近平总书记的扶贫思想为中国农村扶贫开发战略注入了更具创造性的理论支撑和实践指导。习近平总书记认为，要消除贫困这一客观存在的社会问题，必须在主观思想上先摆脱贫困，贫困地区的干部、群众要摆脱“等、靠、要”的思想，依靠国家扶贫政策的外部支持提高自我发展能力，将自身视为脱贫的主体。习近平总书记的这一扶贫思想继承了中国农村扶贫开发战略中“注重贫困人口自我发展能力”的观点，突出了贫困人口在扶贫开发战略中的主体地位，为新时期打赢扶贫攻坚战指明了方向。习近平总书记提出的精准扶贫是相对于“粗放式”扶贫提出的一个概念，指通过对贫困户和贫困村精准识别、精准帮扶、精准管理和精准考核等科学有效的方法，引导各类扶贫资源通过优化配置的放大，对贫困人口实现精确识别、精确帮扶、精确管理，并确保扶贫到村到户，逐步构建扶贫工作长效机制，最终使贫困人口摆脱贫困问题的困扰。

二、现有产业扶贫模式综述

现有关于产业扶贫模式的研究主要是根据参与主体和主体之间关系的不同进行划分，本书将其梳理为主体模式和机制模式。

（一）按主体划分

如前所述，产业扶贫的参与主体包括政府、企业、非政府组织以及贫困人群本身，通常在政府的主导下或者扶贫政策的指导下进行协同运作，只不过具体情形因时因地而异。本书基于产业扶贫实践，根据发挥主导作用的主体可将产业扶贫分为政府基层组织带动模式、龙头企业带动模式和合作社带动模式。

1. 政府基层组织带动模式

所谓基层组织是指响应中央政府号召，得益于基层政府支持，在扶贫开发工作上发挥先锋模范与引领作用的组织，包括村党组织、村委会、村团支部、村妇代会、村民兵等。具体而言，基层组织带动模式表现为基层组织整合本地资源，牵头发展本地产业，或是通过财政补贴、税收优惠等扶持措施招商引资，吸引区域外企业投资兴业等，又或是由基层组织向相关部门争取产业扶贫资金，通过直接补贴贫困户或是间接通过补贴企业和生产设施的方式实施“造血式”扶贫。

2. 龙头企业带动模式

产业扶贫的手段是产业发展，面向的是市场。作为市场主体的企业，特别是龙头企业无论在资金、技术、品牌、人才、管理等方面都极具优势，拥有良好的发展前景、广泛的辐射范围和强大的带动能力。具体而言，最普遍的是由基层政府整合利用与扶贫工作相关的优惠政策，如财政补贴资金等对龙头企业进行扶持后，企业根据需求向贫困户发放订单，并提供优质种苗、技术培训、生产资料等资源，若贫困户能够按照合作企业的要求进行生产并提供优质产品，则企业负责回购代销，农户可获得稳定收益。其次是龙头企业通过吸纳贫困劳动力来带动贫困户脱贫，即龙头企业根据自身业务需要对贫困人口进行技能培训后签订用工合同并安排正式就业岗位或临时就业岗位。除此之外，在产业扶贫政策和产业发展政策的扶持下，龙头企业可以高于市场价的价格租赁贫困户的土地经营权，同时吸纳贫困劳动力。

3. 合作社带动模式

合作社是一种特殊的经济组织形式，是劳动者为了共同利益，依据相关原则、章程和法规建立和联合起来共同经营的合作经济组织。具体而言，贫困户可以不同的形式参与到合作社当中。对于有能力但无技术经验的贫困户，由合作社提供技术培训、教授管理经验、产后包销，帮助其解决后顾之忧；对于有一定生产资料但缺乏能力的贫困户，可以将土地、种苗、扶贫专项贷款所获资金交由合作社代理以获取保底收益，又或是将土地、大棚等租赁给合作社获取租金；对于有能力和资金但缺乏足够生产资料的贫困户，可以通过租赁合作社建设的种植园或养殖场等来经营生产并参与收入的分成。

4. 多主体协同模式

从实践的角度来看，无论以哪种主体为主导，产业扶贫都是多主体参与的共同行动，至少包含了政府、企业和贫困户三类主体。三者既要分享收益，也要分担责任，主体之间存在相互作用，则必然会出现矛盾。一方面，如果主体之间的地位失衡，则会导致贫困户利益受损，产业发展了，扶贫却难见成效。例如龙头企业因其主导地位常处于强势，可以左右利益分配，而贫困户作为分散的小农则处于弱势，只能被动地接受分配结果。除此之外，政府部门的主要目的是扶贫，企业的主要目的是利益最大化，二者因其在产业扶贫过程中的行为和目的迥异也会存在博弈，因此也需要一个能够令双方利益不受损、保障贫困户利益的协同机制。另一方面，多主体参与的情况下，除了存在企业逐利罔顾扶贫目的之外，还有可能出现贫困户破坏契约或者基层组织误读政策等现象，最后导致扶贫主体和扶贫对象衔接不足，难以合作，导致扶贫产业不可持续，引发扶贫对象不满。

（二）按机制划分

产业扶贫的机制是在产业扶贫政策引导下的产业化。从政策的宏观角度来看，产业扶贫的运作机制是项目制，如图1-1所示。

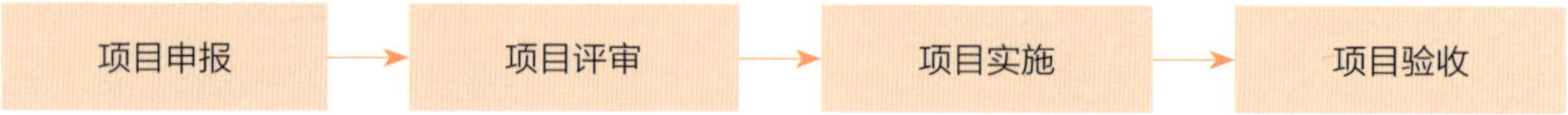

图1-1　产业扶贫项目运作机制

在项目立项后，根据产业扶贫各主体的内部链接方式、利益分配方式和经营管理方式，主要可以分为以下三种机制模式，即政府包干制、合同制一体化和所有制一体化。

1. 政府包干制

即贫困户以劳动力的形式参与由政府进行统一规划的扶贫项目。首先由政府制定种植（养殖、畜牧）的品种并通过政府采购向贫困户免费提供种苗，农户种植管护、收成后再由政府购买和销售。一般以“政府+贫困户”的形式出现。在此过程中，还会引入企业或者合作社对贫困户进行技术培训，则衍生出“政府+企业+贫困户”“政府+合作社+贫困户”或“政府+企业+合作社+贫困户”等形式，再加上由政府支持在贫困地区建立起来的生产基地以及政策引导的银行融资，则还有“乡村党政+企业+合作社+基地+贫困户”和“乡村党政+企业+合作社+基地+银行+贫困户”等。政府包干制下，虽然贫困户的利益得到了强有力的保障，但无法体现贫困户作为扶贫主体的积极性，与市场和市场主体的接触都不够紧密，不利于产业发展的可持续性。

2. 合同制一体化

即贫困户通过合同契约关系跟企业、合作社等主体构成利益联结体，是较为紧密的连接关系。一般表现为“（龙头）企业+贫困户”“合作社+贫困户”“（龙头）企业+基地+贫困户”等形式。由（龙头）企业根据自身需要或合作社根据市场需求与贫困户以签订长期购销合同的形式进行合作。为了保证产品质量，往往会在合同中约定向贫困户提供多项服务，包括良种统一供应、病虫害防治、科学管理等。合同制一体化可以使贫困户形成专业化生产的分工形态，对于产业扶贫的带动作用很大，但由于（龙头）企业或合作社与贫困户仍属于不同产权主体，因而利益并不一致。当产品市场价格高时，容易发生贫困户毁约并将约定好的产品自行销售，损害（龙头）企业或合作社的利益的情况。

3. 所有制一体化

即贫困户与其他扶贫主体以股份合作的方式相结合，组成真正的利益共同体，做到风险公摊、利益共享。入股的方式可以是资金或是土地等生产资料。一般表现为“（龙头）企业+贫困户”“合作社+贫困户”“（龙头）企业+基地+贫困户”“（龙头）企业+银行+贫困户”等形式。通过股份合作制，有利于在产业链条上形成内有机结合，也最符合产业化本身的运行规律，是产业一体化的发展方向，但贫困户本身就是缺乏资金和生产资料的群体，因此前期的积累十分重要。

4. 其他连接形式

除政府主导、合同制和股份合作外，还存在其他连接形式。例如，“技术员+贫困户”是由基层农技站技术员联系几个村的贫困户，从播种的种子选择、种植模式开始，采取“一站式”跟踪服务，指导贫困户从事生产经营；“产业大户（能人）+贫困户”由产业大户或能人来带动发展；还有贫困户间接参与的方式，如“服务队+企业或大户”模式，这种模式即是各村“两委”成立服务队采取保姆式的服务方式，全方位为企业和大户服务，提取相应费用，增加集体收入。

综上，目前产业扶贫模式的研究结论基本强调要建立多元主体间的良性互动关系，进而激发扶贫主体参与的积极性①。各种扶贫模式下的生产经营方式都强调“利益联结精准到村到户到人”，落实农户在产业链、利益链、价值链中的环节和份额。虽然分配方式有差别，但都让农民合理享受到农业产业链增值的收益。不同学者对不同的产业扶贫模式的研究，亦得出产业扶贫使贫困户收入增加，促进贫困户脱贫致富，实现政府、企业和农户等多方

①胡振光，向德平．参与式治理视角下产业扶贫的发展瓶颈及完善路径［J］．学习与实践，2014（04）：99-107.

共赢，促进经济效益和社会效益共同提升的扶贫目标[①②③]。然而，目前研究大多聚焦于某一类或几类的产业扶贫模式，从完整的产业链视角对扶贫模式的探究相对较少。不同的产业扶贫模式之间存在紧密的关联，如不同主体的产业扶贫需要设计相应的机制连接主体之间的关系。华南理工大学农业产业扶贫的调研结果显示，产业扶贫的主要参与主体（政府、带贫企业、贫困户等）在需求侧存在较大差异，单一的帮扶手段或方式，难以覆盖各方需求，如地方政府关注整体产业项目的示范效应、带动效应、抗风险能力以及可持续长效机制的建立；企业希望能依靠贫困地区相对丰富的自然资源和低成本人力资源建立竞争优势；贫困户则关心作物、牲畜种养成本和收益问题。因此，覆盖农业全产业链的"造血式"扶贫模式升级是扶贫模式的必然发展方向之一[④]。

第三节　高校参与产业扶贫的发展历程

一、高校参与产业扶贫的制度背景

高校不仅肩负着教书育人、科学研究的责任，更承担着服务社会的职能。1986年国家号召高校在贫困地区推广农业先进技术、培育新型农民，便将高校纳入了扶贫主体，并于同年制定了教育对口支援的扶贫计划。2000年出台的《关于推动东西部地区学校对口支援工作的通知》和《中国农村扶贫开发纲要（2011—2020年）》强调要加强重点科研院校的定点扶贫工作。2013年，国务院办公厅转发了教育部等七部门联合制定的《关于实施教育扶贫工程的意见》，高等学校定点扶贫工作的开展有了政策安排。2013年国务院办公厅转发教育部等部门《关于实施教育扶贫工程的意见》的通知，重点强调了高校在定点扶贫中的积极作用。2016年教育部等六部门印发了《教

①刘清荣，程文燕，康亮．试论我国扶贫开发的历程、模式及创新［J］．老区建设，2013（08）：4-10．

②杨杰文，陈美君．关于贫困地区产业扶贫的思考［J］．农村财政与财务，2013（12）：14-15．

③黄承伟，周晶．减贫与生态耦合目标下的产业扶贫模式探索——贵州省石漠化片区草场畜牧业案例研究［J］．贵州社会科学，2016（02）：21-25．

④孙建平．综合金融助推脱贫攻坚［J］．中国金融，2018（17）：75-77．

育脱贫攻坚“十三五”规划》，文件明确要求高校要发挥自身在人才、科技、智力、信息扶贫等诸方面的优势。2016年6月，为了推动高校定点扶贫工作，教育部专门出台了《关于做好直属高校定点扶贫工作的意见》，75所教育部直属高校已经全部组织起来参与定点扶贫工作；由中国扶贫开发协会主办，全国54所高校发起了《高校参与脱贫攻坚倡议书》，号召动员全校力量，参与脱贫攻坚。2017年，党的十九大报告明确指出“要动员全党全国全社会力量，坚持精准扶贫、精准脱贫”，为高校作为重要扶贫主体参与精准扶贫，特别是产业扶贫指明了方向。

二、高校参与产业扶贫的历史演进

高校作为扶贫主体具有独特优势。一方面，高校拥有教育、人才和科技多重优势，资源丰富；另一方面高校属于事业单位，没有逐利倾向，深入贫困地区帮扶的意愿较强，扶贫效率较高。

在“产业扶贫”概念正式提出前，高校参与扶贫主要是通过输送人才资源和科技推广的方式，为产业扶贫奠定基础。首先是教育扶贫，通过支教的方式提高贫困地区人口素质；其次是向贫困地区选派技术人员，推广新技术，为贫困地区发展现代农业提供技术支持；最后通过驻村干部培养、大学生村委书记和青年干部培训等方式，让其成为贫困地区地方政府的智库，向农村定向输送人才队伍，鼓励人才回流，提升农村后备干部水平，为地方扶贫提供建设性意见，提高地方政府扶贫决策的科学性。

在“产业扶贫”概念正式提出后，高校结合专业优势参与定点帮扶和对口帮扶，开展特色扶贫，帮助贫困地区发展产业，实现产业一体化。根据2013年以来《关于实施教育扶贫工程的意见》等文件精神，各大高校开始积极贯彻和落实产业扶贫工作，通过教育扶贫、人才扶贫、智力扶贫、科技扶贫、信息扶贫和专业扶贫，为贫困地区经济社会发展服务。在此过程中，涌现了不少高校产业扶贫的典型项目和案例。华南理工大学自2013年定点帮扶云南省云县以来，科学地针对云县实际情况和发展需要，立足长远，依托学校、学院、师资等多层面的学科优势、科技实力、人才力量以及社会资源，在产品扶贫工作中不断提升云县的“造血”功能，寻求扶贫攻坚根本出路，把华南理工智慧与云县扶贫实践紧密结合，充分发挥创新驱动作用，积极开展产业扶贫。华南理工大学在云县开展的“‘五位一体’精准扶贫协调推进乡村治理”“打造‘一体化’全域规划”“构建‘扶贫链’造血机制”“以智提质、聚财育才、品牌引领助力云县长振兴”“从重点涉毒村到美丽红色村的蝶变——华南理工大学牵头组团高校帮扶孔美村打造定点帮扶新模式”项目，分别在2017—2020年连续四年获评教育部直属高校精准扶贫精准脱贫典型项目。

华中科技大学定点帮扶云南省临沧市临翔区。学校通过深入调研当地特色资源和独有生态环境，利用学校科技优势，积极发挥高校社会服务功能，建立以当地特色资源为依托、以现实需求为导向、以精准脱贫为目标的“科技+产业”帮扶模式，培育了“纯造普洱”和“叫雨山仙草”金线莲两大特色科技产业。目前，两大科技产业已取得突破性进展，将有效帮助农民脱贫致富，为临翔区脱贫攻坚提供强有力的支撑。学校于2016、2017、2018年连续三年被教育部推选为直属高校精准扶贫精准脱贫“十大典型项目”，向全社会展示高校扶贫成效，取得了很好的效果。

浙江大学定点帮扶云南省普洱市景东县。在深入调研，摸清当地发展机遇和挑战的基础上，2013年以来，为加快推进景东无量山乌骨鸡区域优势产业发展和养殖扶贫增收，打造“景东鸡”特色品牌，浙江大学农业技术推广中心尹兆正副教授（景东县乌骨鸡产业首席专家）率领技术团队，紧紧围绕乌骨鸡产业发展开展扶贫工作，并开展了一系列技术指导和帮扶工作，探索建立了乌骨鸡“种鸡培育—集中育雏—生态放养”的产业扶贫新模式。2017年，景东乌骨鸡出栏431万只，比学校定点扶贫前的2012年末提高200%以上，实现产值3.4亿元，帮助带动建档立卡贫困户19177户，带动脱贫人口65401人，浙大乌骨鸡产业扶贫取得了显著成效。学校定点扶贫项目于2018年入选了教育部直属高校精准扶贫精准脱贫“十大典型项目”。

类似的高校产业扶贫的典型案例不胜枚举。为此，总结、研究并推广多样化高校扶贫经验具有重要的理论意义和现实价值。通过树立典型，不仅能给予各大高校持续、深入参与产业扶贫的信心，有助于深入推进高校定点扶贫后续工作的开展，还能帮助和指引其他高校调整和改进自身在扶贫工作中的工作部署。

三、高校参与产业扶贫面临的困境与挑战

虽然目前高校参与产业扶贫的实践取得了一定的成效，为我国“2020年打赢脱贫攻坚战”贡献了各自的智慧和力量，但目前高校扶贫工作中仍然面

临着当下的困境和未来的挑战。

高校产业扶贫实践丰富，理论研究不足。高校参与产业扶贫实践层出不穷，展现百花齐放之势，但目前高校产业扶贫相关的理论和实践差距依然非常大，实践领先于理论，学术研究尚处于“新理论”的发展阶段，研究文献较为分散，且未形成广受认可的高校产业扶贫模式的理论框架。

高校产业扶贫供给与帮扶对象需求缺乏有效的对接，精准扶贫不够。高校最擅长的帮扶方式是人才培养、技能培训、科技成果转化推广，但是没有与帮扶对象的实际情况和迫切需求对接起来。如：为用工企业最受欢迎的“订单式”培训不足，高校、贫困地区青壮年劳动力、城市用工企业或劳务用工市场之间的“供–需”链条上存在“不匹配”现象，缺的是用工市场这一块，三方缺乏信息互通，致使培训行为趋于盲目。

高校与政府合作扶贫缺乏。高校扶贫靠教育培训实现扶智、扶志、扶技，靠现代科技来扶农、强农、富农，高等学校有资源、有技术、有人才，需要当地政府与高校主动合作，积极谋划精准扶贫，但目前政府与高校合作扶贫不足，扶贫工作做得还不够细致、不够到位。

作为帮扶主体，高校的产业扶贫工作缺乏扎根落地，缺乏丝丝入扣，同时不同高校在帮扶过程中缺乏必要的沟通与协调，并没有发挥各自专业优势。校地信息沟通工作衔接不够顺畅；技能培训方法、内容不够接地气，培训效果有待提高；农学高校长袖善舞，理工医类高校科技帮扶游刃有余，文科高校产业扶贫力不从心。从总体看，不同类别高校之间缺乏必要的沟通协调，同在一地帮扶，却各管一摊，各自为战，难免造成重复投入、资源浪费，这种现象在支教活动及各类培训中尤为突出①。正是这些原因，影响了高校产业扶贫的整体效益和效果。

华南理工大学也不例外，在产业扶贫之初也遇到过上述一些类似问题，但是经过不断优化调整，走出了一条符合自身特点的产业扶贫模式与路径。按照教育部滇西定点扶贫工作的整体安排，华南理工大学自2013年起定点帮扶云南省云县、孟连县。学校一直以习近平总书记的扶贫开发战略重要思想为指导，在产业扶贫中深入贯彻落实“扶贫开发贵在精准，重在精准，成败之举在于精准”的核心要义，结合当地产业的实际情况，依托华南理工学

①胡俊生，李期．高校扶贫：目标取向、帮扶模式及提质增效对策［J］．西北农林科技大学学报：社会科学版，2020（03）：25–31．

科优势、人才力量、科技实力、社会（校友）资源，精心谋划长远，着力于从传统的“输血式扶贫”变为“造血式扶贫”，在深入调查研究和精准把脉的基础上，探索并构建了适合自身特色的“品牌价值提升下高校产业扶贫模型与路径”，志在实现全产业链的产业扶贫，充分激活当地产业在扶贫中的“内生造活血”能力。

第二章
农业全产业链扶贫现实问题

为充分了解农业产业链各个环节存在的问题，寻找到高校帮扶乡村振兴的切入点和有效实施路径，华南理工大学充分利用大学生假期返乡机会，2017年至今已组织了5000多名大学生深入约30个省、自治区及直辖市的1284个村落、885家企业访谈调研。调研活动由校团委以及工商管理学院陈明教授指导，由大农品盛“乡村品牌振兴”学生研究团队负责组织，总计回收问卷6320份，有效问卷5042份，有效率79.8%，其中个人卷4037份，企业卷1005份。各调研队伍完成调研报告600余篇，其中高质量的报告有89篇。同时调研团队遍访了广东乃至湖南、贵州、辽宁、陕西、四川、云南等全国120多个村镇单位和150多个农业品牌企业，了解到农村扶贫工作在农产品产业链各个环节存在的问题及原因，现总结如下。

第一节　农业全产业链发展趋势及问题

一、农业全产业链发展趋势

（一）三大农业产业链发展加快

一是加工链不断巩固。到2016年底，农民合作社中有53%发展加工流通业务，7.8万家规模以上农产品加工企业延长农业产业链、提升价值链。农产品加工园区有1600家，形成了一批知名品牌和产业集群。农产品加工业与农业产值比上升到2.2：1，农产品加工率达到65%。①

二是服务链不断发展。在需求带动和政策扶持下，各类新型农业服务主体快速发展，目前，全国经营性专业服务组织超过100万个。市场化运作的龙头服务企业不断壮大，农业生产型服务的产业形态越来越明晰。

三是功能链蓬勃兴起。作为农业发展新动能的休闲农业、乡村旅游呈快速发展态势。2016年，全国休闲农业和乡村旅游营业收入超过5700亿元，成为农村经济发展的重要新兴行业。②

（二）农业产业链整合模式多样化

一是专业市场带动型。由地方政府建立起农产品专业批发市场，大批中间商在专业市场进行批发交易，中间商再分别联系农户和消费者。专业批发市场是整合产业链的关键。

二是农民合作组织带动型。农户在自愿互助的基础上成立各种类型的合作经济组织，合作经济组织从事农产品的加工和销售，使农产品向产业链后端延伸。

三是“龙头企业 + 合作社（基地） + 农户”型。由一家或几家农业龙头企业通过订单农业、股份合作、全程（半程） 服务等形式与合作社（基地） 形成紧密合作关系，构建“市场牵龙头、龙头带基地、基地联农户”的农业产业链经营模式。农业龙头企业是整合产业链的关键。

四是产业集群驱动型。农产品加工（流通） 企业在空间（产业园区或物流园区） 集聚，带动当地特色农产品或优势农产品的基地化生产，以及相关服务行业的空间集聚，形成“产业园区 + 物流园区 + 服务基地 + 区域农业”的产业体系。

五是功能拓展型。近年来一些地方拓展农业功能，将农业生产与文化、旅游业融合，形成休闲农业等新兴农业产业链。这类产业链发展较快，但其核心主体尚不明晰。

二、农业产业链发展存在的问题

农业产业链是产业链在农业领域的具体应用，它涉及农产品生产、加工、运输、销售等诸多环节，包括农业产前、产中、产后的各部门、组织机

①数据来自农业部网站。

②数据来自农业信息网。

构及关联公司以价值链、信息链、物流链、组织链缔结的有机整体。

安徽、河南、浙江等省积极打造现代农业产业化联合体、农业产业化集群，各类资本进入农业产业链的势头迅猛，中国农业产业链正迈入快速发展的新阶段。

（一）分段治理，质量难以控制

产业链分段治理现状如图2-1所示。

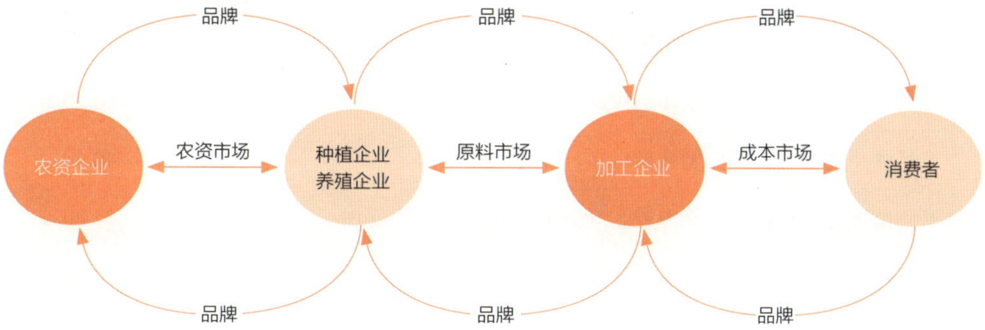

资料来源：韩志辉（2017），《品牌农业大革命》。

图2-1　产业链分段治理现状

由图可见，农业生产和农产品加工脱节。这不利于全程监管。食品的可追溯体系是食品在原料生产、加工、流通、销售等各环节所有阶段的可追踪掌控。但是我国食品产业链上下游是脱节的，价值无所依托，可追溯实施难度大。原料生产企业、产品生产企业、产品深加工企业、物流运输及仓储企业、销售企业基本是分属于不同的企业。某一个环节建立很容易，但整个产业链都建设起来特别困难。因此需要以品牌为整个产业链提供价值导向，去经营整个产业链的各个环节，从品牌饲料—品牌鸡—品牌鸡肉—品牌汉堡，从品牌肥料—品牌小麦—品牌面粉—品牌面条—品牌面馆，以保证食品安全。

（二）产业链一体化组织化程度低

多数行业市场集中度低，核心企业自身的竞争力和带动力不强，供应链设施落后，产业链管理水平不高。农户与企业（组织）之间以非正式合作为主，股份合作等紧密型联结方式不多，订单农业合同不规范，上下游主体的联结方式较为松散，在生产组织、质量监控、信息传输、价格协商等方面难度较大。

调研发现，农业产业链上游主要问题是产业主体分散、规模小，占比60.2%，本级主要有设备成本高、缺乏适宜的配套技术等问题，下游主要有经营组织化程度低（49.7%）、市场信息不充分，加工层级浅（49.2%）等问题，见表2-1、表2-2、表2-3。

表2-1　产业链上游出现的问题

问　题	占比 / %
有效耕地面积减少，耕地质量下降	49.50
农产品生产主体分散，规模小，组织化程度低	60.20
农产品种植过程中农药化肥残留较多，安全质量下降	40.40
种子种苗抗逆性和抗病虫能力差，导致农药化肥的使用增加	37.80
农业机械化程度低，科技力量薄弱	54.30
其他	5.70

数据来源：根据调研结果整理。

表2-2　产业链核心出现的问题

问　题	占比 / %
在农业的种植或养殖方面缺乏适宜的配套技术	53.40
企业在种植或养殖中用到的设备成本高，缺乏经济的装备设施	55.40
种植或养殖中的粪污处理与资源化利用，难以变现为经济利益	43.30
农业种植难以突出观赏性，无法迎合旅游业需求	51.20
企业在利用农业资源发展为旅游业等第三产业的过程中，没有突出与别人的不同	40.80
其他	5.10

数据来源：根据调研结果整理。

表2-3 产业链下游出现的问题

问 题	占比 / %
受储藏条件和处理技术、能力及设备的制约，农产品加工特别是初加工后损失巨大	44.30
加工层级浅，加工增值低，加重了农业土地生产负担	49.20
企业考评偏重效益指标评价，导致企业环保意识淡漠	33.80
加工企业和农民之间都缺乏长远发展的合作默契	44.80
农产品生产经营组织化程度低，掌握的农产品市场信息不充分	49.70
农产品批发市场发展不完善，分销渠道流通环节多、成本高、内部关系不稳定	46.30
初级农产品消费不断减少，而加工农产品消费持续增加，农产品消费结构升级趋势明显	31.30
其他	6.00

数据来源：根据调研结果整理。

第二节　农业全产业链扶贫关键因素分析

一、农业全产业链扶贫关键因素

全产业链模式是将“研、产、销”高度一体化作为经营理念的一种商业模式，它将供应原材料的上游、生产加工的中游和进行市场营销的下游都纳入企业之中。农业全产业链扶贫，是以消费者为导向，以品牌为引领，从产业链源头做起，经过农业产业链的上中下游各环节，实现食品安全可追溯，从而完成安全、营养、健康的食品供应全过程。农业全产业链主要包括资源、产业、产品、市场、品牌五个关键要素。

产业是社会分工和生产力不断发展的产物，是生产物质产品的集合体，包括农业、工业、交通运输业等，一般不包括商业。有时专指工业，如产业革命。有时泛指一切生产物质产品和提供劳务活动的集合体，包括农业、工业、交通运输业、邮电通信业、商业饮食服务业、文教卫生业等部门。

农村产业结构是指在农村这个特定的经济区域内，农村各产业部门的组成及其相互之间的比例关系。按照农村经济的横向分工，农村各经济部门可分为三类：（1）第一产业，指直接利用动植物的生命活动而取得物质产品的部门，包括种植业、林业、畜牧业和渔业。（2）第二产业，指运用矿物资源进行开采和对初级产品进行加工与再加工的部门，包括工业、建筑业和采掘业等。（3）第三产业，指农村流通服务部门，包括农村商业、交通运输业、服务业以及金融、保险、邮电、信息、旅游业等。

二、资源闲置，开发乏力

乡村由于其地理位置离城市距离较远，人居生态环境独特，易于形成独具特色的文化传统或习俗，非物质文化遗产中有很大一部分文化精品都来自一些特色乡村或小镇。每个乡村都必定有其文化特色，而这种文化资源可以为当地脱贫助力。

虽然农村蕴藏丰富的资源，但是普遍现状是资源没有得到有效和合理的开发，导致农村资源闲置或被破坏，农村缺乏发展产业的基本要素，从而陷入贫困的恶性循环。

（一）地方统筹规划不到位，资源开发资金短缺，人才流失

1. 政府在扶贫工作中扮演重要角色

我国以公有制为主体，多种所有制经济共同发展的经济体制，决定了在推进扶贫工作的过程中，政府是第一主体，扶贫政策措施的制定以及具体工作的实施需要各级政府着力推进。在产业扶贫中明晰政府责任非常重要，人民对政府扶贫责任的认识，反映了人民对政府的需求，进而影响扶贫政策的落实和监督。因此，在本次调研中，探寻农户对政府产业扶贫责任的感知情况具有重要意义。

从总体来看，最受认同的政府扶贫责任是为产业扶贫的开展创造环境条件，占比22.2%；其次，20.6%的受访者认为政府应该制定产业扶贫规划（图2-2）。产业扶贫的开展需要政府创造一些环境条件，包括政策环境、投资融资环境、技术支持环境等；产业扶贫规划是一个地区产业扶贫工作指导方针，各级政府需要科学制定产业扶贫规划，让产业扶贫工作有序进行。综合来看，受访者对政府产业扶贫的责任认识是比较清晰的，超过50%的受访者认为政府在扶贫开发工作中的主要责任偏重于宏观上的统筹和规划，具体表现为扶贫环境的改善。对政府在扶贫工作中责任的清晰认识有利于政府政策的落实和开展，政府在扶贫工作中扮演着重要的角色。

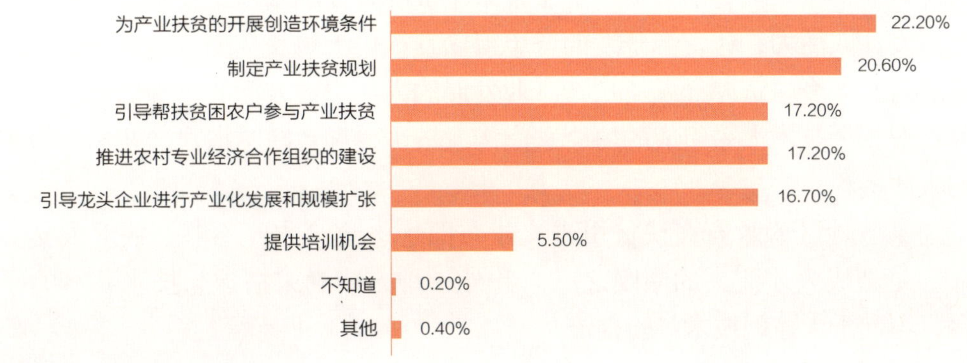

数据来源：根据调研结果整理。

图2-2 政府扶贫责任

政府在扶贫工作中的主要责任在于统筹规划和创造条件，在这方面扶贫责任地区人民的认识是较为清晰的。从全国各个地区来看，人民对政府有效落实扶贫政策、改善扶贫环境有强烈的需求。

2. 地方扶贫资金下发不足，监督不够，导致资源开发资金短缺

产业扶贫是政府扶贫工作的有力抓手，它是一头以地方资源为依托，一头连接市场的特色扶贫方式。地方资源的开发，首先需要资金的支持。目前，我国政府扶贫资金资助力度不够，资源开发资金下发不到位（54.50%）。政府资助资金在保证贫困村的基础设施条件建设完成后，常常缺乏进一步为贫困地区搭建一个集聚各方资源、筹集资金、引进技术人才的平台。这些问题往往导致扶贫地区资金短缺，产业扶贫经营主体难以符合信贷审批条件， 资源开发难以开展或中途夭折（46.40%）。资源的开发需要资金的投入，而根据调查发现，总体过半的受访农户认为村庄的扶贫资金整体投入较少（54.50%），资金的流向存在偏差，导致扶富不扶贫，贫富差距拉大， 村庄面临资金短缺的问题（53.80%）。

尤为突出的是，在政府运用各种优惠政策吸引企业共同开发资源时，由于部分地区疏于对企业质量的把控和后续发展的严格监督及持续跟踪，还存在企业质量参差不齐，甚至有些企业占用扶贫资金的情况，扭曲了扶贫资金的流向，使资源开发流于形式，难以真正落到实处。

3. 地方政府和科研协会欠缺交流，优惠政策不到位导致资源开发人才不足

科学技术水平是决定一个地区资源开发程度的重要因素，贫困地区教育资源短缺，技术培育能力弱。资金投入是资源开发的基石，技术支持则为资源开发注入活力，让资源开发的资金得以发挥更大更长久的效用。一些地方政府对有关乡村资源开发、扶贫产业发展的人才引进方面的重视仍然不足，和农业相关技术人才组成的协会之间沟通较少，导致缺乏搭建产业平台所需的人才资源。

某些地区的政府在扶贫引进人才方面优惠政策力度不够，缺乏人文关怀，是造成人才流失的原因之一。此外，地方间尚未搭建起技术共享的平台，不利于人才间技术经验交流。

调研结果显示，近五成的受访者认为农户对新技术的接受程度不高，没有接受过较高教育的农户不愿意放弃传统的务农方式。同时，接受过更高层次教育的寒门子弟也不愿意再回到闭塞的山区耕作，因而人才流失现象也不容小觑，其占比达到了46.7%，产业发展模式、产业科技含量低占比30%以上，培训内容与实际需求不符也有近25%。图2-3数据对比显示，西部地区产业发展模式单一的问题较为突出，东部、中部地区的人才流失相对其他问题较为严重。

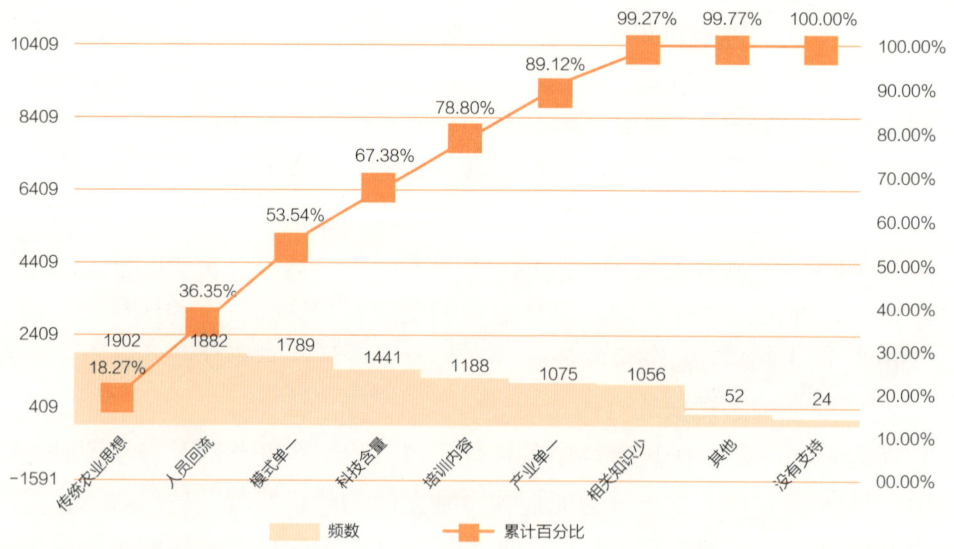

数据来源：根据调研结果整理。

图2-3　技术支持问题

此外，对于一些有志于或正在进行乡村资源开发的企业，政府所给予的限制太多，支持太少，在连接贫困地区和发达地区的过程中没能很好地协调各个主体，没有促进资源要素在贫困地区有计划地流动和合理配置。以上都是地方政府在进行资源开发时存在的问题。

（二）龙头企业扶贫方式单一，涉农企业分散，导致资源闲置

扶贫工作中需要发挥龙头企业的带动作用，统筹各发展要素，开发当地资源，推动农村经济的发展。在产业扶贫中，龙头企业或者合作社是主要的经营主体。龙头企业以何种方式参与资源开发，如何参与产业扶贫也将直接影响到产业扶贫的实施效果。但目前我国龙头企业扶贫方式较为单一，带动作用不显著。调研结果显示，我国龙头企业主要扶贫方式是连接贫困户，收购销售产品。两成的受访者认为龙头企业/合作社参与产业扶贫最普遍的方式是与贫困户签订生产订单，企业负责收购和销售产品，其次是提供技术指导和技术培训（19%），再次是建设基地，进行产业化发展和规模扩张，占比也达到了近18%，然后是提供劳动机会（16.5%）和解决产加销、贸工农一体化的一连串问题（14.5%），而强化产业品牌则没有得到普遍认知，占比仅11.2%（图2-4）。

从农户和企业/合作社的合作关系来看，农户在提供生产资料/订单环节与龙头企业/合作社的合作最多，占比42.0%，其次是技术培训环节（37.80%）；另有产品销售（35.40%）、合作定价（31.50%）以及成为企业/合作社的雇工和股东（25.40%）及其他（6.70%）的参与方式。

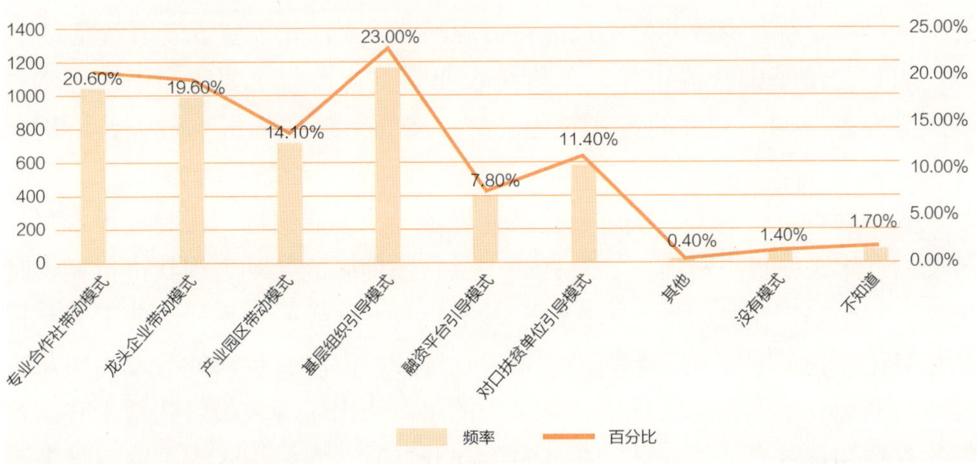

数据来源：根据调研结果整理。

图2-4 产业扶贫模式

从百分比和排序可以看出，最普遍的产业扶贫模式为基层组织引导模式，所占百分比为23.00%，其次为专业合作社带动模式和龙头企业带动模式，所占百分比分别为20.60%和19.60%。产业园区带动模式和对口扶贫单位引导模式，也是较普遍的方式。

较普遍的几种产业扶贫模式均强调其他较有权威的组织和农户的合作，说明在产业扶贫工作中，除农户外的其他权威组织的参与占有较为重要的地位。

总体而言，龙头企业为乡村提供了大量劳动机会，同时引入先进的技术促进产业发展，尽管在部分地区出现了新型扶贫方式，但目前我国龙头企业扶贫方式依旧较为单一。从总体来看，产业扶贫模式以基层组织引导、专业合作社和龙头企业带动为主。

农村地区企业数量普遍较少，而且多数规模较小、实力较弱，加上品牌意识往往较弱，因而难以实现规模经济，行业优势不明显；长远发展方面的战略考虑有所欠缺，在没有外部帮助的情况下企业对农村资源进行开发的难度较大，当地缺乏带动资源开发的龙头企业，普通企业作用不明显，扶贫作用不显著。

（三）农村自主开发资源动力不够，资源开发进程缓慢

农村资源开发动力来自两个方面：内生动力和外部动力，其中内生动力是起决定性作用的因素。农村自主开发资源的动力来自村庄资源的丰富程度、贫困程度、经济基础、劳动力的数量质量、村民心理等。

村庄的内生动力不足原因主要有两个，一是经济基础欠缺，二是劳动力流失，最终导致有资源的村庄只能将资源闲置，无法依靠资源发展致富。

农村经济基础普遍较差，以传统农业为主，农业主要依靠土地、水、气候等自然资源，开发的方式较为初级，受自然环境的影响较大，不确定性大。

农村教育资源贫乏，缺乏支柱产业导致经济发展缓慢，最终使得农村的劳动力近年来一直不断流出。对桂西十县贫困地区的劳动力现状进行调查时发现，18～35岁年龄段的人82%都选择了外出上学或务工。外出务工人员日趋年轻化，农村留守人口老龄化严重，这导致村内没有足够的劳动力去从事村庄的资源开发工作。大量年轻劳动力的单向流出还导致最终扎根于我国乡村的农户知识水平普遍很低，在扶贫工作开展时，农村地区农户以就地务工为主，扶贫工作的参与程度不高。

调查表明，就地务工就业是农户参与产业扶贫最为普遍的方式（42.8%），其次是通过土地入股（46.10%）和通过资金入股（32.70%），获取财产性收入，而参与相关培训和土地出租/流转的方式参与人数较少。农户知识水平较低导致农户对于扶贫知识技术认识不到位，参与培训的积极性不高，对新型扶贫方式缺乏兴趣，最终导致资源开发进程缓慢。

（四）农民生态保护意识淡薄，资源开发缺乏可持续性

一些地区在实际开展扶贫工作的过程中，存在盲目追求政绩工程的现象。部分地方政府在进行农村产业规划时没有因地制宜，未能深入挖掘当地资源禀赋，没有仔细研究当时市场需求，盲目选择不适合本地条件的产业，对项目的评估过于注重短期效益，加上贫困地区大部分农民生态保护意识不强，对资源开发认识不到位又缺乏科学指导，最终可能导致当地生态环境遭到难以挽回的破坏。

贫困地区中深度贫困的地区大多位于地形崎岖的山区，或是自然环境较为恶劣的地区，资源环境十分脆弱，相较其他有天然优势的地区，其资源开发难度大。若急功近利，对资源盲目开发，未对资源进行科学合理的利用，将进一步加剧生态环境的恶化，甚至造成难以弥补的损失。

调研结果显示，在农村资源开发的过程中，40.20%的地区出现了作物多样性减少，33.30%的地区出现水土流失、26.60%的地区出现土地污染、35.90%的地区出现水污染、17.20%的地区出现大气污染的问题等。

（五）农村资源开发模式初级，导致资源开发挖掘不够深入

我国农村以第一产业为主，缺乏第二、第三产业的发展。对于农产品，很多农户和企业未能从传统的产销思路中抽离出来，对加工所带来的增值效益认识不够，深加工意识不强，从而缺乏挖掘的动力。乡村地区没有相关的技术人员进行指导，没有加工业和服务业的支持，深加工缺乏基本的技术和设备，资源开发模式初级，未能对资源进行深入的挖掘。现在最为普遍的资源开发模式是龙头企业在贫困地区采集生产原料、建设生产基地、雇佣当地农户进行特色产品的生产，企业负责收购或销售产品。如此采摘之后直接销售的传统开发模式虽简单快捷，但农产品中那些使其具有核心竞争力的潜在资源尚未被有效开发。

总之，贫困地区资源是比较丰富的，可是目前存在着资金短缺、技术不足、人才流失、生态脆弱、开发初级等各种资源开发的问题。资源闲置、开发乏力是农村的基本现状。政府是贫困地区资源开发的重要引导者和第一主

体，在其资源开发的责任上，超过六成的农户认为政府应该为产业扶贫创造环境条件，也就是为贫困地区的资源开发扫清障碍。但就现阶段而言，贫困地区还未形成资源开发的良好环境。企业或者合作社是地区资源开发的执行者，在其对贫困地区的资源开发方式上，与贫困户签订生产订单，收购销售产品是最为普遍的做法，其次是为农户提供技术指导和技术培训，再是建设基地和进行产业化扩张。农村内生资源动力不足，劳动力严重外流，近一半的受访者表示村内劳动力短缺是村庄贫困的一个重要原因，脆弱的生态环境亦制约着资源的开发。

三、产业初级，产品粗放

（一）供给结构不合理、市场化水平低导致第二、第三产业不发达

当前，由于农村的传统观念，大多数劳动者从事的都是第一产业。尽管第二产业、第三产业对劳动力仍有需求，但第一产业所需求的劳动力远远高于第二、第三产业，甚至存在着过剩的劳动力。饱和的劳动力停留在第一产业上，导致了产业结构不合理。另外，由于农村产业大多规模较小，而且存在大企业垄断的状况，产业市场化的程度较低，导致了第二、第三产业发展困难，发展速度慢。

为说明以上问题，本书以生态旅游业为例。从总体来看，农村在发展生态旅游业的过程中，旅游项目少（52.90%）、缺乏人才（51.80%）是最明显的两大问题（表2-4）。

从地区差异来看，中部地区在同质化现象（60.40%）以及缺乏专业人才（58.50%）这两方面的问题严重，而西部地区在对生态环境造成破坏（35.70%）和基础设施问题（45.20%）两个方面高于平均水平，问题突出。

表2-4　发展农村生态旅游业存在的问题

问　题	占比 / %
农业生态旅游模式同质化现象严重，地方特色不明显	44.50
景区缺少总体布局规划，同一景区中各个旅游景点不相协调，多有重复，价格恶性竞争	37.60
产品层次不高，旅游项目少，仍以简单的乡村休闲观光、“吃农家饭”等为主	52.90
由于旅游规划开发不当或游客过多，周边生态环境遭到一定程度的破坏	29.50

（续表）

问　题	占比 / %
水电、通信、卫生设施等基础设施不完善，无法满足旅游者的需要，服务质量难以保证	41.10
缺乏专门的农业生态旅游人才，以家庭作坊式经营为主，专业化不高	51.80
农业生态旅游经营资金不足，融资能力不够，资金来源单一，投资项目发展后劲不足	42.40
其他	6.90

数据来源：根据调研结果整理。

（二）要素资源缺乏、产业转型升级速度慢导致产业竞争力低

当前，贫困地区最基本的基础设施如水、电、村道等虽然已经基本覆盖，但是由于缺乏资金的支持，还是面临着公共服务管理体系和基础设施不健全，农村机械化、信息化水平低的困境。农村的人才吸纳能力弱，导致自主创新能力不足，产品的科技含量低，因此农村产业的规模难以扩大，品牌难以集聚，产品的附加值低，产业的竞争力低。农村产业发展的需求难以满足，农村产业发展的速度和质量受到制约。

从产业总体发展上看，产业产品竞争力低、效益低，销售困难（52.20%），产业链短，不够重视产品的深加工和后续销售环节（48.90%），品牌效应不强，产品附加值低（48.80%）和产业集聚不够，规模效应不强（42.50%）所占比例较大且相近（表2-5），说明产业发展存在较多问题。

表2-5　对扶贫产业的问题

问　题	占比 / %
产品竞争力低、效益低，销售困难	52.20
品牌效应不强，产品附加值低	48.80
产业链短，不够重视产品的深加工和后续销售环节	48.90
产业集聚不够，规模效应不强	42.50
产业规模不符合产业	20.90
与本地区自然条件不符合，产量不高或质量不佳	11.70
对本地区生态环境造成了一定的破坏	11.10
其他	0.90

资料来源：根据调研结果整理。

（三）产业管理不规范、项目可持续性差导致产品质量参差不齐

农村产业多以低成本为基础，以农产品的简单加工起步，而不是以创新为基础，且农业产业标准化水平不高，专业化进程缓慢，对劳动力吸纳能力不足。农民合作组织发展缓慢，农户经营相对分离，长时间内处于散漫的低组织状态，产业难以实现规模经营，参与市场竞争的能力薄弱。

一些合作社存在法人将合作社私有化管理的问题，管理行为偏向私人利益，忽视了社员和村社利益的维护，没有真正起到“反哺”农村的作用。农民经济合作组织的规范化管理水平较低，阻碍了农民合作组织的正常运行，无法充分调动和保护农村能人的积极性和普通社员的合法权益，导致合作组织成员的权利与义务不符，无法达到吸纳农村劳动力的目的。

以上原因导致了产品质量参差不齐。其主要表现有二：一是管理机制不完善；二是项目可持续性一般。

1. 管理机制不完善

从总体来看，最普遍的问题为项目管理机制不完善，占比为49.1%；其次为项目持续性不好，多数为一次性项目（41%）；项目市场风险高，保险保障机制不足（35.2%）；项目评估机制不合理，过于注重短期效益（33.6%）及项目与政府的合作机制不合理（33.6%）。

2. 项目可持续性一般

总体上看，受访者对项目是否注重短期效益看法不一，53.4%的受访者认为项目评估注重短期效益，46.4%的受访者认为项目评估并不是注重短期效益，两者相差不大。受访者对项目长远发展考虑较为认同，超过半数的受访者（75.6%）认为考虑到了长远发展，24.3%的受访者认为没有考虑到。从以上描述统计可以看出，受访者对项目的短期效益认同度一般，对项目的可持续性持较为肯定的态度。

四、产品过剩，市场不畅

（一）农村信息闭塞，市场信息不对称，缺乏市场规划

在产业扶贫的个人调研中，大部分农户认为我国产业扶贫的农产品存在市场信息闭塞，销路效果不好的问题（43%）；销路单一（34%）以及产品市场需求少，销售量不够（22%）。扶贫产业的农产品在市场的营销渠道还需要进一步打通。

1. 缺乏组织化、理性化生产经营计划

访谈中发现，农产品生产经营组织化程度低，掌握的农产品市场信息不充分，同时缺乏统一的组织化农产品营销知识培训与指导。多数农户抱着随大流的农产品售卖心理，完全依赖于眼前的市场行情与市场需求，农产品的营销没有形成规范的模式。

2. 农产品的市场信息不对称

农产品与其他产品的最大区别在其存储期上。农产品在流通环节中特别容易变质，这种脆弱性对物流环节的时效性要求极高。但多数农户仍依赖传统的批发渠道。传统的营销方式中，多数农户都是处于自产自销模式，农产品在市场中辐射范围小，渠道对接过程中难免遇到信息失真现象，导致农产品价格很难上去。农户无法准确把握市场信息，农产品也就在市场中失去更多的竞争力。

（二）农产品趋于同质化，附加值低，缺乏竞争力

调查结果显示，在农业产业链下游，农产品面对市场的阶段，认为我国农业存在“加工层级浅”问题的受访者所占比例名列前茅（表2-6）。加工层级较浅说明农产品加工大多停留在初级加工上，导致市场上初级农产品过剩；缺乏精加工产品，导致农产品在市场上缺乏竞争力。

表2-6 产业链下游的问题或现象调查结果

问 题	占比 / %
受储藏条件和处理技术、能力及设备的制约，农产品加工特别是初加工产后损失巨大	44.30
加工层级浅，加工增值低，加重了农业土地生产负担	49.20
企业考评偏重效益指标评价导致企业环保意识淡漠	33.80
加工企业和农民之间都缺乏长远发展的合作默契	44.80
农产品生产经营组织化程度低，掌握的农产品市场信息不充分	49.70
农产品批发市场发展不完善，分销渠道流通环节多、成本高、内部关系不稳定	46.30
初级农产品消费不断减少，而加工农产品消费持续增加，农产品消费结构升级趋势明显	31.30
其他	6.00

资料来源：根据调研结果整理。

1. 我国农业缺乏农产品深加工的观念

我国农产品加工层级浅，农产品从田地里收上来后大多直接送至农贸批发市场进行售卖，靠这种方式售卖农产品，农产品的经营者大多收入微薄。因此，农产品企业或个人经营者应当转变传统的粗加工思维，对田地里收获的农产品做进一步的加工，提升农产品的附加值，从而增加经济效益。

2. 加工技术和设备落后

近年来我国的经济发展迅猛，但不可忽视的是，城乡的差距依然存在。在许多农村，很多农业从业人员依然还在使用传统的生产工具，效率低下。另外，由于地理环境等因素的影响，我国的农业现代化水平和国外发达国家相比仍然有非常大的差距。农业加工技术和农业生产设备的落后，也是我国实现农业现代化的一大关键阻碍。

3. 行业标准不健全，农产品市场发展不完善

时代在飞速向前，农业的发展也需要与时俱进。当前我国还有很多农村在沿用过去的生产标准来进行农产品的生产加工，缺乏创新。另外，我国农业的生产应该加强与市场的对接，提升组织化程度、完善农产品的市场体系。

（三）基础设施不完善，物流仓储建设滞后，农产品流通不畅

调查结果显示，在农业产业链的仓储环节遇到的问题，物流信息（18.5%）、组织化程度（18.1%）、基础设施建设（17.2%）是农业企业物流的主要问题，占到总体的53.8%，应该重点关注这些问题。同时物流不畅导致的市场交易成本较高（16.2%），也会制约农产品的市场竞争力。

企业规模、信息化程度、设备、员工素质、服务能力、行业管理是农业企业仓储方面的主要问题，占到总体的68.5%。所以物流仓储需要进一步提升以促进农产品渠道的开发。

1. 当前农业供应链管理薄弱

在农产品流通过程中，农贸市场发挥了重要作用，它是目前我国农产品供应链不可缺少的一个环节。然而由于各方关注自己的利益，农产品批发市场也将一个完整的农业产业链条切割成为两段，一段是生产到流通，另一段则是流通到消费。当链条被分割成两段之后，消费者想要进行农产品溯源就变得十分艰难，农产品的安全和质量也缺少了保障。

2. 对农业物流重视不够，物流、仓储等基础设施建设落后

国家致力于农产品生产，但对流通领域的投入不足，我国农村公用基础

设施与城市相比有非常大的差距。农产品对保鲜技术的要求较高，与较落后的物流仓储设施现状形成矛盾，制约着我国农村农产品市场经济的发展。

3. 农业物流专业人才缺乏，且政府投入和扶持力度不够

农产品产业的发展离不开人才的兴旺，然而由于各种原因，我国农村当前面临着大量人才流失的局面，其中就包括了农产品物流相关的人才。

4. 仓储物流信息化、标准化建设滞后

为了保证农产品运到消费者手中时还能保持新鲜，运输半径和运输、交易时间就必须控制较小范围内。然而我国目前的农业物流很多还是以常温物流或自然物流的形式来运输，这样就造成了大量的农产品消耗，当农产品运输到消费者手中时往往已经不新鲜了，大大降低了农产品的价值。另外，农村农产品的交易往往还存在“信息不对称”等问题，因此，建立农产品信息化网络，利用数据平台收集市场交易信息、整理和发布相关信息，这样可以大大提高农产品的交易速度。

（四）销售渠道单一，受市场波动影响大

我国农产品的销售渠道以批发为主，占比为65.90%；其次是零售和网络销售，占比分别为53.40%和25.60%（表2-7）。说明目前我国农业农产品的销售渠道单一，主要以传统渠道为主，缺乏网络渠道等新型渠道。

表2-7 销售渠道调查结果

销售渠道	比例 / %	销售渠道	比例 / %
零售	53.40	收购商/中间商收购	0.70
批发	65.90	政府收购	0.10
网络销售	25.60	其 他	4.10

资料来源：根据调研结果整理。

1. 营销手段落后，缺乏对市场和互联网的分析和利用

传统的农产品营销中，宣传信息基本不到位，仍然依赖于落后的沟通方式，不懂得利用互联网等覆盖范围广、交互性强的新型传播媒介。产品营销信息闭塞，生产经营者缺乏对市场的分析，造成农产品成熟后找不到销售渠道，导致产品销路单一，不得不面对惨重的经济损失。

2. 农业企业缺乏专业的营销人才，农产品电商企业人才队伍建设落后

农民和农业企业的电子商务知识比较缺乏。欠发达地区教育相对落后，缺少具有现代农产品知识、商务知识和网络技术的现代专业人才，农民和农业企业对网络本身的认识、接受和应用能力普遍不高。想在网络上销售农产品，但担心产品卖出去收不到货款。在这种情况下，电商渠道仅起到了信息传播的作用，而其主要功能却没发挥出来。

五、市场无序，品牌不强

（一）农产品市场监管缺乏系统性导致市场无序

近年来农产品市场价格波动剧烈， 产品质量安全堪忧， 经常出现良莠不齐、假冒伪劣、以次充好的问题。 原因在于过度放纵市场， 缺乏系统监管。农产品市场管理是一个系统工程，必须对农产品市场进行全程系统管理， 特别是要扫除理念上新自由主义的影响， 坚持政府和市场“两只手”协同管理， 构建社会主义市场平稳运行的长效机制。

农产品市场混乱的深层次原因在于市场监管缺乏系统性，没有很好地发挥政府和市场的协同作用。

1. 市场调节的自发性， 信息不对称造成农产品供求关系错位

单纯依靠市场调节带有很大的自发性，信息不对称，使农业生产的变化赶不上需求的变化。虽然目前我国正由传统农业逐渐向现代农业转型，但目前还是以农户小规模分散经营为主，而小规模经营的农户在庞杂的信息面前，往往不善于收集市场信息以及参加市场竞争，当市场出现波动时，农户会出现盲目扩产或减产的情况，最后往往是受伤害的一方。

2. 中间商囤积居奇、投机倒把、欺行霸市加重市场混乱

对于农业而言， 以长季节的生产对应短期快速变化的市场， 农业生产者是不可能及时掌握信息的， 这就为滋生投机资本创造了土壤。他们利用自由化市场流通领域过多的中间环节， 控制或操纵市场价格。有些中间商为了追求利润最大化， 故意囤货， 扭曲市场供求关系， 造成农产品价格剧烈波动。某些中间商一味追求利润最大化， 不择手段哄抬物价，有的中间商为降低成本，故意损害农产品的质量。

3. 一些企业盲目追求利益最大化，忘记社会责任

近些年来， 质量低劣产品充斥农产品市场， 坑害消费者事件不断发生， 造成了严重的社会后果。当前我国食品安全隐患主要是一些企业特

别是小微企业非法牟取暴利、人为污染和“添加泛滥”，市场环境更加复杂、严峻。社会责任是评价一个企业的新标杆。好的企业和商人，决不会只顾赚钱而丢掉自己的社会责任。

4. 新自由主义流行导致放松市场管理

从理论上追根寻源，新自由主义的影响不可小觑。在整个农产品市场的混乱局面里，政府放松了对市场的监管，这是一些人对社会主义市场经济的错误认识所导致的。我们不能照搬西方自由化的市场经济模式。正是受新自由主义的影响，政府监管不到位、不系统、不协调，导致整个农产品市场出现混乱。①

良莠不齐、假冒伪劣、以次充好的农产品充斥着农业市场，会导致好的产品比如绿色有机、质量很好的产品在市场上得不到消费者的认知，难以做到品牌溢价，价格经常卖得很低，伤害了农民的积极性，这就亟需打造品牌，凸显优势农产品的价值。但是我国目前品牌农业发展严重滞后于经济发展水平，农业区域品牌和农业企业、产品品牌建设都比较落后。

（二）产权不清及公共物品属性导致农业区域品牌“搭便车”

微观经济学理论中，物品被分为公共物品和私人物品两种类型。其中，公共物品具有非排他性和非竞争性两个方面的特征。农业区域品牌是一种公共物品，同样具有非排他性和非竞争性这两个方面的特征。农业区域品牌的非排他性导致许多集群参与者以及非参与者可以同时使用，且任何使用者在使用的同时都不能排除其他人对该区域品牌的使用。同样，区域品牌的非竞争性使得集群内外的使用者在使用区域品牌时并不能对其他人的使用造成影响，使用者数量的增多并不会增加社会成本。农业区域品牌的这一公共特性往往会导致参与者的“搭便车”行为，农业区域品牌的形成面临投资主体缺位的博弈难题。

同时追求经济利益最大化、区域品牌产权的模糊性和公共物品属性、区域品牌良好的社会形象和高知名度，以及对区域品牌使用监管的缺失是区域品牌“搭便车”行为的原因。

（三）市场信息不对称导致农业区域品牌“劣币驱逐良币”

在市场信息不对称、价格水平一定的条件下，信誉差、质量低的经销商大量涌入，由于消费者难以判别高质量产品与低质量产品，倾向于以较低价

①冷元元. 简论农产品市场缺陷与系统管理建构——兼析新自由主义市场观［J］. 当代经济研究，2012（03）：59-63.

格去购买低质量产品，使得同一区域品牌高质量产品难以出售，产生“劣币驱逐良币”现象。优质农产品市场难以扩大，农产品质量难以提高，导致农产品区域品牌形象提升成为一个难题。

农产品生产者和品牌较多，但品牌发展状况并不乐观，假冒伪劣现象依然存在，多数农产品品牌仅处于标示层次，真正有知名度和价值的品牌很少。

同时，我国农产品认证的市场发育程度低，直接导致优质产品优价难，形成“柠檬市场”（又称“次品市场”），对执行规则的企业、认证机构和消费者产生负向的刺激。而且消费者由于缺乏鉴别优劣真伪的有效信息，只能根据市场产品的平均质量水平决定支付意愿，从而导致农产品的生产者选择低劣化，出现逆向选择现象。

（四）管理混乱、定位不明导致区域品牌同质化竞争严重

农产品同质化现象日益严重，市场竞争力低，表现在对原料的综合利用水平低，转化增值能力弱，附加值小，初级加工和粗加工产品多。食品工业产值与农业产值之比仍处于低水平状态，仍然停留在自给自足的基础上。农产品同质化从两个方面反映：一是物质的同质化，比如外形、色泽、口感等物理特性。尽管农产品会由于区域、品种等因素表现出一定的差异性，但是相同区域的同类产品之间在物理特性上具有很强的相似性，这种相似性构成了农产品同质化的基础。二是认知的同质化。消费者在购买农产品时除了感受到它的物理特性之外，还会从商家的品牌塑造、包装、宣传、服务、描述等方面获得对产品的认知。[①]当消费者无法从这些信息中体会到差别时，认知的同质化就产生了。在同一区域品牌的农业企业如果没有对自己产品品牌的差异定位，很容易造成与区域内的其他企业同质化竞争。

“一品多牌”是指同一地区的同一农产品由不同小范围内的企业生产销售，各有自己的品牌以区分不同的生产销售企业或地区。农产品区域品牌“一品多牌”令消费者眼花缭乱、无所适从，而其本身又难以做大做强，走向全国和国际市场，难以获得品牌溢价。各级政府为避免“一品多牌”的问题，实施和推进农产品区域品牌的统一品牌战略，但单一农产品区域品牌会抹杀农产品某种重要的品质独特性，而且一旦某种农产品品质不稳定或下降，会造成严重的“品牌株连”问题。地方政府对区域品牌的管理混乱会导

①王石，林生．我国农产品电子商务产业同质化竞争分析［J］．上海农村经济，2016（08）:35-38.

致农业区域品牌出现“一品多牌”等现象。

（五）全国范围内农业区域品牌问题种类多样且分散广

1. 存在的问题

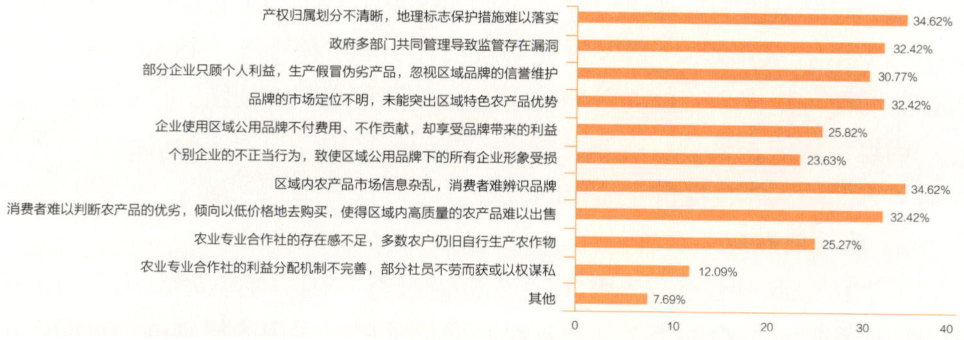

资料来源：根据调研结果整理。

图2-5 区域品牌建设现状

为了进一步探讨区域品牌出现的问题和原因，我们对全国范围内区域品牌的建设现状进行了问卷调查。问卷中的选项覆盖了本书所分析的搭便车、囚徒困境、柠檬市场、道德危机、羊群效应、同质化竞争等六个问题，这些问题都显示了农产品市场的无序状态。

从图2-5中可以看出，区域品牌建设存在的主要问题包括种类多、分散广、集中度一般。其中占比最高的两个问题是“产权归属不清”与“市场信息杂乱”，均为34.62%；占比最低的两个问题是“个别企业不正当行为损害了区域品牌下的企业形象”与“合作社利益分配机制不完善”，分别为23.63%和12.09%。其余大部分问题占比主要集中在25%～33%的区间内。以上数据表明，区域品牌建设存在的主要问题有种类多、分散广、集中度不高，原因可能是区域品牌的建设过程长、范围广、影响因素复杂，涉及企业、政府、合作社等主体和更多的个性化因素，因此在分析问题或思考解决对策时要充分考虑该区域品牌的问题特点，因地制宜，对症下药。

除此之外，我们单独分析了政府及行业协会在区域品牌建设中存在的问题。

在政府层面，区域品牌建设中存在的问题主要为政策、资金、人才等配套措施不完善（77.27%），缺乏科学系统的规划（42.20%），打造区域品牌意识淡薄（51.52%），以及政府职能不明确（43.94%）。因此，政府首先要制定规划，同时强化区域文化品牌意识，明确并履行政府的各类职能以及配套措施，完善文化建设中各个环节。

在行业协会层面，区域品牌创新措施不足，缺少管理和服务的人才（72.06%）、区域品牌的管理（包括创建、评估、设计、营销、维护全方位的工程）（63.24%）、缺乏全方位的管理体系（44.12%）、服务的内容和方式不够多元化（70.59%）以及行业利益代表功能发挥不够（48.53%）。在代表行业利益与建设全方位的管理体系方面，也存在一些问题。行业协会应该完善创建、评估、设计、引导、监督、维护、营销等工程，引进与培育管理和服务方面的人才，提供多元化的服务。

2. *改进问题所采取的措施*

针对区域品牌建设过程中存在的问题及其原因，我们分别从全国范围内对政府和行业协会两个主体，在维护区域品牌时采取的措施进行了问卷调查。政府层面上，采取的对策最多的是“完善农产品认证标识，规定第三方认证机构”，占比45.86%；其次是“推行‘区域品牌+企业品牌’的品牌标识”，占比41.44%；最少被使用的对策则是“出台明晰区域品牌的产权的法律法规”，占比13.81%。图2-6数据说明，政府比较重视品牌的认证和质量管理，对于区域品牌建设过程中存在的问题，政府层面能从立法和行政等角度切入，积极采取相应的对策。

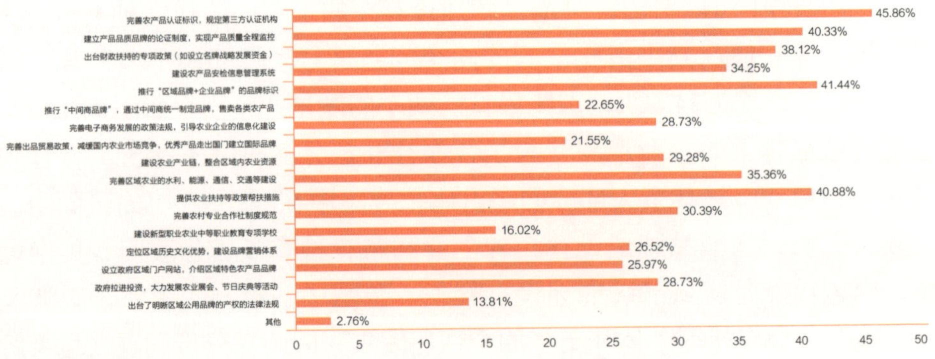

资料来源：根据调研结果整理。
图2-6 区域品牌建设现状

行业协会层面上，采取的对策最多的是“对符合安全生产要求的企业发放品牌使用许可证”，占比51.43%；最少被使用的对策则是“采取合适的奖惩制度监管体系”，占比26.29%。从图2-7中可以看出，有44%左右的行业协会能做到协调企业和政府进行有效沟通、建立质量体系和行业标准，说明对于区域品牌建设过程中存在的问题，行业协会层面能基本发挥政府和企业的中介桥梁作用；有40%左右的行业协会会不定时举办区域品牌展会、当区域品牌形象受损时能进行危机处理，说明行业协会在推广和维护区域品牌上，都有积极的举措。

但是从比例上看，各种对策占比较低，普遍少于50%，可见政府和行业协会采取的对策较为单一，没有采取多种、复合对策。而区域品牌覆盖范围广，涉及的主体多，影响因素复杂，单一对策可能不利于解决区域品牌建设过程中遇到的问题。

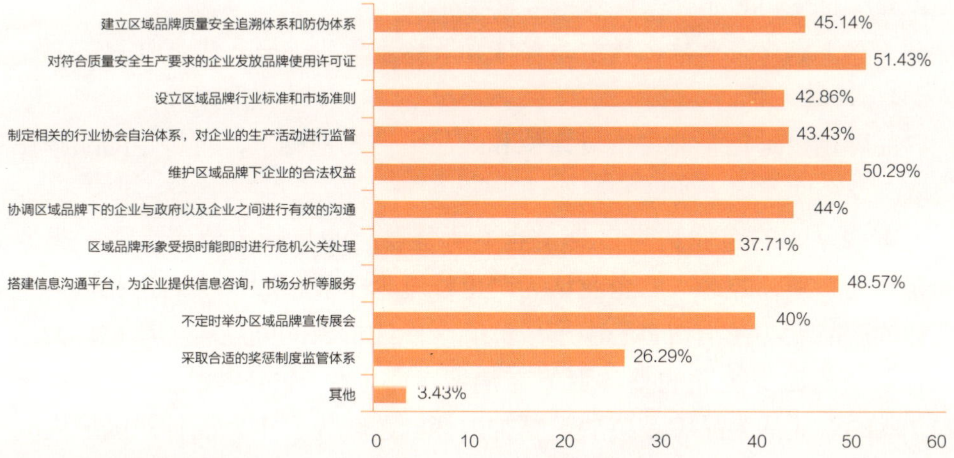

资料来源：根据调研结果整理。

图2-7 区域品牌建设现状

（六）农业企业品牌培育意识差，缺乏品牌战略指导

1. 品牌战略和方针

品牌战略的制定在：企业层面有助于企业塑造独特品牌形象和提高竞争力等，在国家层面有助于优化农业产业结构，促进现代农业发展等。

调查结果显示：19.71%的企业不认为自身的企业和员工具有创建和培育品牌的意识；48.96%的企业对自身品牌建设观念陈旧，认识存在偏差持不同意的态度。33.53%的企业持不一定的态度；31.21%的企业不同意自身的品牌战略目标是明确的；37.91%的企业不认为自身企业缺乏品牌战略的顶层设计；还有43.28%的企业不认同区域农业品牌监管与保护机制不完善。

（七）品牌管理组织及人才缺失导致品牌建设缺乏组织保障

品牌管理的组织体系是指企业在计划、组织、协调、控制与某一品牌培育和发展相关的各项活动时所做的制度安排。

调查统计结果显示：有26.77%的企业认为“品牌人才缺失、管理人员专业素质低且经验不足”的问题比较严重，有23.99%的企业认为“品牌管理体系中权利和责任不明晰的情况”比较严重，有16.92%的企业认为“企业的生产经营模式受到行政干预”这个问题比较严重。

还有44.48%的企业没有设置品牌管理部门或品牌核心小组。同时44.78%的企业没有专门的品牌经理来负责管理品牌。

（八）农业企业缺乏科学品牌培育策略导致品牌缺乏竞争力

1. 品牌定位

品牌定位是指企业在市场定位和产品定位的基础上，对特定的品牌在文化取向及个性差异上所做的商业性决策。①

有12.93%的企业认为自身企业不清楚自己的品牌定位属于哪一类型的问题较为严重，27.86%的企业认为严重程度为一般；22.99%的企业认为自身企业的产品无法在消费者心中形成鲜明个性或形象的问题较为严重；22.98%的企业认为自身企业的整体形象在消费者心中模糊的问题比较严重；还有22.79%的企业认为品牌定位缺乏精神内涵问题较为严重。而针对区域内同一类型产品的品牌同质性高的问题，25.88%的企业认为比较严重，还有28.76%的企业认为一般严重。

20%左右的企业缺乏科学的品牌定位方式，导致产品品牌的定位不准确。同时没有细分市场去选择合适的目标市场，导致市场上的品牌同质性高，出现一品多牌的现象。

2. 品牌设计

品牌设计即“品牌名称”设计和“品牌形象”设计。品牌名称涉及名称的语音、语义、长短等；品牌形象设计即品牌显性要素的设计，是品牌符号与消费者的沟通。②

调查结果显示：32%左右的企业认为个性缺失问题严重程度为一般，超过20%的企业认为个性缺失问题严重或者很严重；超过50%的企业认为抄袭现象不严重或不太严重，17%左右的企业认为抄袭现象严重或很严重。说明

---

①②陈明，林典勇，方建春.品牌培育管理体系［M］．北京：中国标准出版社．2013.

虽然市场上仍然有抄袭现象存在，但是所占比例小。超过50%的企业认为缺乏文化意蕴问题严重或很严重。

有77.71%的企业都能够保证品牌设计的统一性，82.39%的企业能够积极利用“三品”认证来增加品牌可信度。

3. 品牌传播

企业品牌传播是指品牌拥有者通过各种传播手段持续地与目标受众交流，最优化地增加品牌资产的过程。①

对于问卷提出的有关品牌传播的四个问题：“企业基本不在广告、传播媒介等方面上花钱；企业缺乏体系化、整合性且统一的传播策略；企业建设并应用了官网网站为自己的企业形象、产品品牌进行推广；企业会针对自己企业的形象、文化来制定传播策略”的回答，每个问题占比最高的答案均认为问题严重程度为“一般”。但是“一般”并不能反映品牌传播意识薄弱的问题，由于很多企业没有专业的品牌经理，导致企业做到的品牌传播仅仅流于表面和硬件上，并没有注重品牌传播的灵魂，即品牌价值的软传播，从而并没有起到预想的作用。

4. 品牌更新与延伸

品牌更新指实施一系列策略和措施，包括产品更新、名称更新、标志更新、推广更新、互动更新和定位修正，使企业继续维持或提升品牌影响力和市场业绩。品牌延伸指企业利用现有较成熟的产品品牌引进新的产品类别，推出新产品。品牌更新实质上是农业企业建设品牌、促进市场势力扩张的中长期发展战略行为。

大部分企业认为自己在品牌更新与延伸方面做得较好（图2-8），但是因为是企业主观评价而且缺少客观量度，所以这一比例应该有所降低。虽然不少企业基本没有出现严重信誉损害，但也未在品牌更新方面多投入精力。农业品牌因为从事农业的人员文化水平参差不齐，导致决策层面缺少品牌延伸的意识与战略规划；同时，有些具有品牌意识的农业企业，因为原品牌建设不成熟，不能有效支持品牌延伸；而且，由于缺少战略层面的规划，区域内的政府及农业企业未能在区域范围建立起可靠的产业链支撑体系，推动品牌更新延伸的基础薄弱。

①陈明，林典勇，方建春.品牌培育管理体系［M］. 北京：中国标准出版社. 2013.

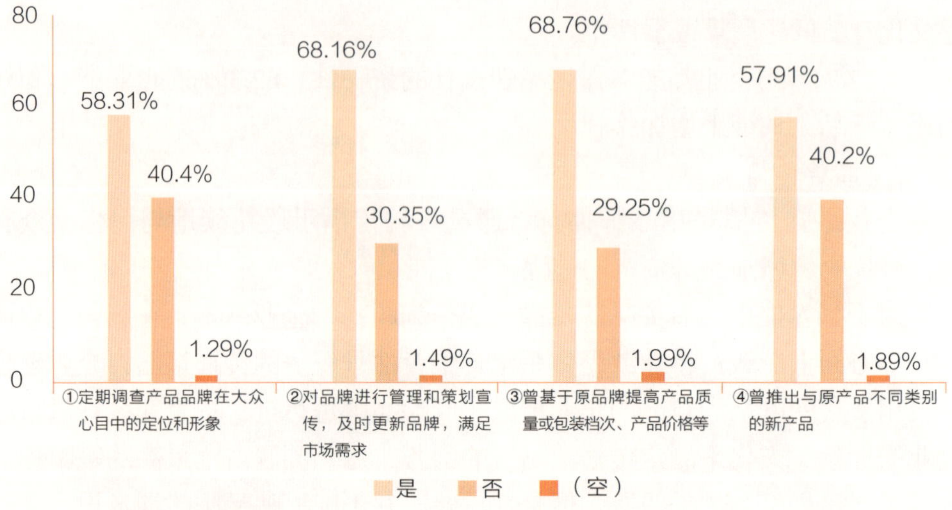

资料来源：根据调研结果整理。

图2-8　品牌更新与延伸状况

5. 品牌信誉危机

信誉损害，是指企业的诚信及声誉遭受到怀疑和攻击的情形，通常也指品牌信誉危机。

大部分（69.95%）的企业没有出现过或者出现过不太严重的社会责任信誉损害，但是仍然有8%左右的企业出现过严重或者很严重的信誉损害问题（包括产品、服务、财务、法律等方面的信誉危机）；超过50%的企业没有经常对企业进行技术方面的更新；3.18%的企业有老字号品牌流失的情况。

提及造成信誉危机的原因，问卷的统计结果反馈：有19.3%的企业认为是缺乏完善的评价体系；12.24%的企业认为是产品信息虚假、质量低劣；有12.45%的企业认为是因为服务质量或态度恶劣；有12.74%的企业认为是因财务管理不善或财务经营不好；有11.74%的企业认为是因违法经营，如违约、失信；10.44%的企业认为是因生产中造成严重环境污染。

从问卷反馈信息可知，大部分的企业已经具有信誉危机风险意识。在实际应用中，虽然大部分企业（76.32%）都曾经加强企业内部的信誉和风险意识的学习，但只有半数企业将风险意识落地，建立健全危机预警系统和危机管理体系（58.51%），只有约三分之二的企业（70.25%）向政府部门或行业协会寻求帮助。

6. 品牌资产保护

品牌资产是企业通过营销活动使得品牌与消费者建立的关系，以及企业因此产生的收益。品牌保护指对合法使用人的品牌实行资格保护措施，以防范来自各方面的侵害和侵权行为。①

对农业企业的品牌资产保护，我们在调研问卷中设置了“贵企业曾遭遇‘假冒伪劣’‘山寨’等品牌侵权的威胁”的打分题。59.40%的企业在品牌资产保护上并不存在严重的危机，该题的平均分为2.28，这意味着受调查的农业企业对于问题的平均评价介于“不太严重”与“一般”之间（25.77%～22.49%），并且选择“不严重”的比例约为三分之一。

在调查问卷中，能够严格遵守商标法律法规的企业占比达到86.47%，说明在行动层面，大部分企业都能做到严格遵守商标法律法规。同时，能够密切注视其他企业是否存在侵犯本企业品牌名称的行为的企业达到近七成。而且，能够在推出新产品时，在积极注册商标的同时，设计出具有独创性的品牌名称和标志的企业也达到近七成，说明不少企业能够有意识地关注自身品牌资产的权益，有为新产品注册商标并设计独创品牌和标志。再者，六成企业会对品牌的广告宣传语、代言人等进行法律保护并采取具体的手段措施，例如保护宣传语、代言人，在产品包装上同时使用自有品牌和区域公用品牌标志来实现品牌资产保护。

7. 品牌文化塑造

品牌文化是指文化特质在品牌中的沉淀和品牌经营活动中的一切文化现象。问卷结果显示，21.69%的企业缺乏企业文化意蕴方面的信息，个性缺失问题得分为2.61分，说明农业企业在寻找品牌差异性上存在问题；其次是企业是否有品牌被抄袭的问题得分为2.36分，属于不太严重到一般的范围，这与企业对其品牌文化的保护有关；最后一个是企业缺乏文化意蕴方面的信息，得分为2.63分，说明信息是一个阻碍品牌文化建设的主要问题。

近八成的企业有品牌文化建设的意识，注重诚信文化、责任文化以及创新文化的塑造；74.13%的企业能够建设相应管理制度打造品牌文化形象。但只有32.34%的企业真正明确自己特定的文化内涵，在前期品牌文化规划上只有36.62%的企业有实际行动。

①陈明，林典勇，方建春.品牌培育管理体系［M］. 北京：中国标准出版社. 2013.

第三章
品牌价值提升下的高校产业扶贫模型与路径

第一节　品牌价值提升对产业扶贫的作用

品牌建设是助力产业扶贫的重要手段，当前学界主流认为进行农业品牌建设是走出农业产业效益低、带动性不强困局的关键。品牌农业的内涵就是以优质和特色求生存，以市场需求为原点，以生态安全为基础，以工业化经营为理念，以品牌营销为路径，打通第一、第二、第三产业，促进农业增效、农民增收、消费者受益，最终实现农业的可持续发展。①

实施农业名牌战略，有利于获得品牌溢价，提升特色农产品品牌竞争力。由此，推进农民脱贫与生产、技术、市场精准对接，促进特色农业产业提质增效，实现农业特色产业扶贫。

综上所述，品牌农业是以优质和特色求生存、以市场需求为原

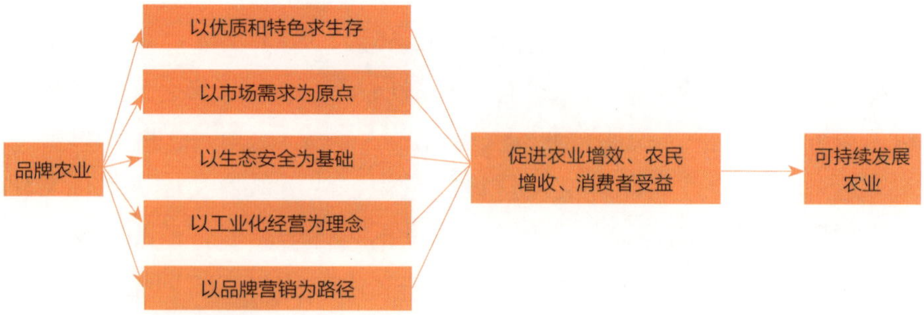

资料来源：根据调研结果整理。

图3-1　品牌农业的内涵

①梁伟红，叶露，李玉萍．基于生态视角的海南省品牌农业与产业扶贫协同发展对策研究［J］．热带农业科学，2018，38（07）:104-110.

点、以生态安全为基础、以工业化经营为理念、以品牌营销为路径，促进农业增效、农民增收、消费者受益，进而实现农业可持续发展，如图3-1所示。

品牌价值提升是品牌建设的核心，是助力产业扶贫的关键手段。品牌价值提升对于产业扶贫的作用体现在以下几个方面。

一、开发闲置资源，发展地方特色

农业集群品牌以特色化、规模化的农产品地域集聚为基础，通过字号命名、商标注册、地理标志登记以及名牌产品认定，将其得天独厚的自然环境（如水土、气候）以及长期的文化沉淀等核心价值融入集群品牌，从而得到市场的广泛认可和接受，并产生一定的市场价值①。

农业区域品牌的建设立足于地方自然资源所形成的地方特色，地方区域品牌的建设及提升有助于挖掘地方特色资源，调动闲置资源，发展特色产业。

二、促进产业集聚，提升竞争力

区域农业产业品牌提升产业竞争力的作用机理有两点：一是通过品牌资源聚集功能促进产业集群发展，提升农业产业竞争力。品牌能产生“磁场效应”，聚集产业发展相关资源。在区域产业品牌的市场信号显现作用下，区域农业产业获得产业价值溢余，即在同类产业中或与其他产业相比具有更高产业利润率和投资回报率，在较高收益率的驱动下，促进产业相关资源围绕区域品牌产业聚集：①驱动区域农业产业发展资本聚集；②驱动区域农业产业发展人才聚集；③驱动有利于区域农业产业发展的相关支持政策、制度等“软资源”聚集；④驱动区域农业产业发展相关产业资源聚集。二是通过品牌价值传导机制优化产业链，提升农业产业竞争力。区域农业产业品牌价值会通过产业价值传导机制反哺产业链，形成一种良性的产业循环发展模式，促进农业产业快速健康发展，提升产业竞争力。区域农业产业品牌价值首先向农业产业链分销环节传递，依次传导产业链的物流、生产加工、种养和品种培育环节以及与农业产业链相关的生产环节。区域农业产业实现品牌价值越高，产业链相关环节分享到的产业剩余价值就会越多，反之亦然。各相关

①张月莉，刘峰．农业集群品牌的关键影响因素研究［J］．经济经纬，2015，32（01）：31-36.

产业链运营环节获得产业剩余价值越多，可投入优化产业链的资源累积就会越多，如进一步拓展产品分销渠道，加强产业技术创新、产品研发，改造和更新产业生产设备，引进高素质专业技术人才和管理人才加入产业等①。

曹垣从区域品牌的两个要素出发，探讨区域品牌建设有助于提升该区域产业的竞争力。产业集群发展到一定阶段会形成区域品牌，而区域品牌的建设又会促进该区域产业的竞争力提升。对于农产品而言，受自然条件的约束，农产品生产和销售呈现小规模分散的形式，因难以形成规模效应，农产品的供给方总是较为弱势的一方。而进行区域品牌的建设，会促进区域内的大量农户、基地、农业企业等集聚在一块，从而产生规模效应，增加有效供给。②。

当农产品能够形成产业集聚，发挥规模优势，并且形成区域品牌时，农产品区域标准也会随之建立，这对于区域农产品产业竞争力具有深刻的促进作用。

三、实现产品差异化，提升附加值

向明生认为消费者通常都是理性的，愿意支付更高的购买成本，主要是因为产品被赋予了品牌内涵。消费者所消费的不仅是产品本身，更重要的是差异化的品牌消费体验③。同时，他认为区域农业产业品牌通过对产业产品消费者数量和质量双轮驱动，有效提升了区域农业产业价值。一方面，品牌具有信号显现作用，品牌影响力越大，其对消费者的辐射范围和扩散效应就越强，在区域产业品牌的驱动下，消费者的数量会呈现出递增趋势；另一方面，产业品牌具有价格显现机制作用，随着产业品牌影响力的提升，产业产品的消费群体会逐步向高端化演进。高端消费群体往往对产品价格变动的敏感度较低，他们购买产品更多是遵从自己的购买意愿。因此品牌影响力越强，产品品牌的附加值就越大。

奚国泉、李岳云认为：（1）品牌农产品具有相对市场垄断优势。品牌是产品品质差异的标志，不同品牌的农产品差别化程度越强，消费者就会对某些品牌形成一定的偏爱，使不同品牌农产品之间形成稳定的消费群体。品

①③向明生．创建区域农业产业品牌对产业竞争力提升的作用机理［J］．经济研究导刊，2015（7）：34-35.

②曹垣．创建区域品牌，提升农产品竞争力：农业现代化研究［J］，2007，28（1）：69-71.

牌农产品吸引很多的消费人群，这样就排斥了非品牌生产者的进入，潜在竞争者遇到的进入障碍就更大，从而压缩非品牌农产品的市场份额。（2）品牌农产品具有获得相对高价的优势。国内外市场对农产品质量标准要求愈来愈高，消费者不仅要求农产品无污染，而且要求高营养，所以，消费者对高质量农产品的需求价格弹性比较小，有利于农产品生产者依据优质优价的原则制定高的价格，获取高的附加价值。（3）品牌农产品具有较高的市场渗透能力。一方面，品牌农产品的需求收入弹性较大，即随着消费者收入水平的提高，消费者会倾向于购买品牌农产品；另一方面，品牌农产品的需求交叉价格弹性较低。这两方面就使品牌农产品面临较大的市场机遇[①]。

四、建立行业标准，规范市场秩序

一个品牌要获得消费者和市场的认可，其产品必须保持相对稳定的品质特征[②]。农产品质量的好坏，直接影响到其品牌的生存和发展。他也提到，为提高农产品质量，必须逐步建立农产品的质量控制标准，实行分类定价、市场细分。这样也为农产品的销售营造一个有序竞争的市场环境。

建立品牌就意味着农产品要进行市场化运作，接受市场的考验。品牌的建立和价值提升要求相对较高的行业标准，使优质农产品不受假冒伪劣产品的侵害，保证农产品市场的有序竞争。

区位品牌价值的发挥还有待于维护和监管[③]。缺乏必要的管理必会使假冒伪劣猖獗，损害品牌市场形象，使品牌失去本身的价值。现实中，我国许多地区的传统优势产业如各种名、优、特农产品由于缺乏品牌经营和管理，市场上劣质品驱逐优质品，使这些产业纷纷衰退。区位品牌一般由众多的企业共同使用，因而品牌质量认证和质量监管就显得尤为重要， 否则就会出现“公地悲剧”（tragedy of the commons）。

①奚国泉，李岳云．中国农产品品牌战略研究［J］．中国农村经济，2001（09）：65-68.
②戴平生．从农产品市场看品牌经营［J］．农村经济，2004（01）79-81.
③陆国庆．区位品牌：农产品品牌经营的新思路［J］．中国农村经济，2002（05）：59-62.

第二节　高校全产业链扶贫创新模型和路径

一、高校全产业链扶贫创新模型

基于以上分析，我们构建一个基于产业扶贫的发展链条，从资源到产业，从产业到产品，从产品到市场，从市场到品牌，以逆向链条的思维，从品牌终端助推产业扶贫各个环节优化提升，最终建立基于品牌价值提升的高校全产业链扶贫创新理论模型，具体如图3-2所示。

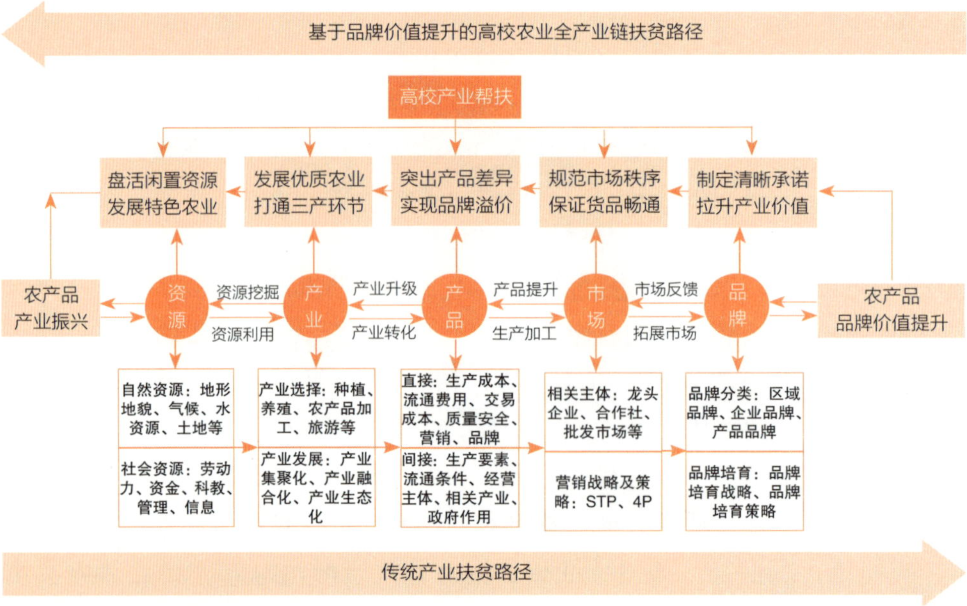

资料来源：根据调研结果整理。

图3-2　基于品牌价值提升的高校农业全产业链扶贫路径

二、高校全产业链扶贫路径

国务院在《关于乡村产业发展情况的报告》中明确指出：产业兴旺，是解决农村一切问题的前提。而产业兴旺的根本是市场要能接受我们的产品，并因为质量和品牌获得期望的溢价回报。要想彻底摆脱所谓“大而不强、优而无势、有名不响”的尴尬境地，解决低水平供给与高水平需求不匹配的矛盾，推进农业高质量发展，就要适应消费升级趋势，加快品牌农业发展，实现农业大国向农业强国的跨越。品牌强则农业强，这是2018年农业农村部发布的《关于加快推进品牌强农的意见》（下称“《意见》”）的核心观点，《意见》指出：以推进农业供给侧结构性改革为主线，践行品牌建设贯穿农业全产业链发展理念，着力塑造农业品牌特色，增强农业品牌规模、质量、含金量、影响力，构建现代农业品牌体系，加快农业转型升级、提质增效步伐，促进乡村产业兴旺，实现农业由“增产”向“提质”高质量发展，推动我国由农业大国向品牌强国转变。这无疑是“精准扶贫”收官后，我国农业发展未来的主导方向。

全产业链模式是以“研、产、销”高度一体化经营理念为主导的商业模式，在每一个环节都需要高校和技术、研究机构的深度介入和广泛参与，并且根据农产品发展的不同情形，采取不同的模式参与精准扶贫和乡村振兴活动，以取得显著成效。

传统的产业扶贫，主要是“打补丁”的方式，缺钱给钱，缺地给地，缺人找人。种养不行，加大技术培植力度；生产环节不配套，管理不善，就加大财政补贴和技改力度。通过调研我们也得知，国内的扶贫工作主要的力气花在第一产业和第二产业的初加工上，对于开拓市场以及通过培育品牌而获得市场溢价的回报，大量的扶贫工作都没有很好地开展起来。

综上所述，高校产业扶贫需要结合乡村产业发展要求，践行品牌建设贯穿农业全产业链的发展理念。我们提出的“基于品牌价值提升的高校农业全产业链扶贫模式”就是希望能把扶贫工作的重点集中在农产品“卖得好、卖得贵”的品牌经营环节，通过品牌价值的承诺获得市场的高度青睐，从而倒逼农产品产业链各个环节的价值提升，以此带动整体农业的高品质发展。该模式追求农产品的“优质高价”，实现“让老百姓吃上放心健康的品牌食品，让农民因发展品牌农业而脱贫致富”的使命和目标。

“基于品牌价值提升的高校农业全产业链扶贫模式”就是充分发挥高校在人才、技术、资源、平台、组织、管理等方面的综合优势，在全产业链上的各个环节根据终端产品消费者对于产品的需求，以及终端产品对消费者的品牌承诺，制定严格的生产标准，并依据严格的标准进行生产和原料的生产和采购，以保证终端产品达到品牌承诺，从而实现农产品整个产业链的价值提升，真正实现农业的高质量发展。

根据这样的产业扶贫理念和要求，基于品牌价值提升的高校农业全产业链扶贫具体路径如下：

（一）创造认知差异，提升溢价能力

1. 提出独特的品牌主张，传递品牌承诺

品牌能够为企业带来溢价，是因为品牌能为顾客提供独特的关系价值、体验感受和利益承诺。农产品要实现高附加值，也需要为消费者带来独特的利益价值。我们认为，高校扶贫工作，首先要做到的是为农产品进行品牌定位，而且要在充分研究消费者和同类产品的基础上，为农产品的价值找到独特的市场承诺，并以独特的品牌承诺为抓手，全面拉动农产品产业链整体环节的价值提升，实现真正产生市场价值的全产业链帮扶。

我们认为，农产品应当有自己独特的品牌主张，例如主张“绿色营养”“食用方便”“用途多样”，并且让消费者能够通过农产品感知到品牌主张。

品牌承诺是给消费者一个保证，将产品的真实信息传达给消费者，并全力提高产品和服务的全方位水平，提供更符合消费者需要的产品，减少信息不对称给消费者带来的疑虑，让消费者相信并主动和乐于购买企业的品牌产品。要想拉近与消费者的距离，高校帮扶团队应该帮助涉农企业/合作社的农产品在情感、道德、个性与价值四个方面做出承诺，打造品牌独特的个性。

为增强消费者信任，高校帮扶团队可以发挥自身的资源优势，帮助企业建立可追溯的信息管理系统，或者帮助策划一系列的活动，让消费者亲自参与、监督产品的生产流程，了解产品相关的内容，随时感受到“品牌承诺”的真实存在。

2. 塑造独特的品牌文化，提升品牌内涵

品牌需要植入文化、特色等因素，从而提升品牌内涵。在现代社会，消费者的物质需求已得到极大满足，会去追求精神层面的需求。我们认为，高校在帮扶农业企业时，应该引导涉农企业（合作社）和农户在经营农产品时，更关注消费者的精神需求，不单单是产品本身的销售，而是一种文化与生活方式的传播，比如结合当地的历史文化、赋予品牌传奇色彩等，进而引领新的消费潮流。

3. 进行独特的品牌设计，塑造品牌形象

品牌设计主要体现在品牌名称、品牌标志、品牌包装上。品牌名称是和消费者对品牌的印象紧紧联系在一起的。品牌名称给人在听觉和视觉上的感受要亲切动听，且便于记忆和突出特色。品牌标志的设计要清晰醒目、新颖美观并富有时代气息。包装是品牌形象的具体化，包装便于消费者识别品牌

产品、展示品牌个性、促进产品销售。通过包装的造型、图案色彩、规格、包装材料的设计和选用，突出产品的个性，提高品牌的魅力。高校帮扶团队完全可以利用自身艺术和设计的师生力量，帮助优质的农产品建立既能体现特色又有强大的市场吸引力的产品包装和形象，从而实现产品在市场上的偏好和溢价。

4. 及时注册商标，做好品牌保护

在激烈竞争的市场经济中，生产者不仅要创造品牌，更要注重保护品牌，才能使品牌长盛不衰。①高校帮扶团队可以利用自身的关系资源，帮助涉农企业/合作社以及广大的农户，进行商标注册和开展认证。

（1）进行商标注册。农产品在创立品牌时，经营者应当注意及时进行商标注册。商标不代表品牌，但是商标注册是该品牌合法合规的标志，也能够在需要时获得法律保护。一旦商标被抢注或被冒用，品牌的形象也会受损。

（2）开展认证。消费者在选购农产品时都会或多或少地受到“三品一标”认证的影响，认为通过认证的产品必然拥有较高的品质，从而也更放心地购买。因此，相关农产品企业一方面应积极开展“三品一标”（无公害农产品、绿色食品、有机农产品和农产品地理标志）的认证工作，另一方面也要严把质量关，真正做到高价高质。目前我国“三品一标”的认证工作已由相对注重发展规模进入更加注重发展质量的新时期，坚持从严从优，强化监管，认证门槛也会不断提高。因此，高端农产品的生产企业即使已取得相关认证，也必须树立牢固的质量观，从源头抓起，加强过程管理，确保价高与质高的对等。

（二）创新营销体系，抢占市场高地

1. 找准目标市场，实施精准定位

在调研的过程中，我们发现，其实很多农业企业家对于自己生产的农产品没有清晰的目标市场和市场定位，而更关注产品的质量，认为只要产品的质量好，消费者就一定会购买。其实不然，企业仅仅是站在自己的角度进行生产，单方面地设想消费者的需求，无法很好地满足消费者的个性化需求，很容易就出现高质量的产品却无人问津的现象。

因此，高校在帮扶涉农企业/合作社以及农户进行农产品营销工作时，首先需要进行深入的市场环境分析，包括深入分析农产品市场的竞争者、潜

---

①李晓玲. 农产品品牌营销策略探析［J］. 农村经济，2004（12）:26-27.

在入侵者及既有消费者属性等；其次是进行企业内部的资源、能力、核心竞争力等分析。

而后，在市场细分的前提下，企业根据市场环境以及自身的资源和能力找准农产品所针对的目标市场，确定农产品的市场定位，并据此打造具有鲜明个性的农产品市场形象，为该产品占据优势市场地位奠定良好基础。

只有在对目标消费群体进行充分研究与分析，才能抓住消费者的需要，直击其内心需求，达成品牌定位与消费者需求的高度吻合，农产品才能顺利地卖出去。

2. 打造高效营销渠道，实现精准营销

从“渠道为王”一词可以看出，营销渠道建设的成效对于农产品的营销系统运作十分重要。消费者在购买农产品时，追求快捷、便利。没有好的营销渠道，产品就无法顺利地到达消费者手中。

要建立高效的营销渠道，高校帮扶团队可以协助涉农企业/合作社压缩农产品从生产端到消费端的渠道层级，例如自建农产品零售终端和进行网络直销。营销渠道越短，中间层级越少，生产者和消费者之间信息沟通的效率就越高，农产品就越能满足消费者需求。

近年来，“农超对接”模式也逐渐受到农产品企业的青睐与推崇。“农超对接”，顾名思义就是“农产品省去中间的许多环节，从地里收起来之后经过简单的处理，就直接送到超市进行售卖。”这种模式可以减少农产品流通环节、降低交易成本，使农户拥有更大的获利空间，但同时交易风险也更大。高校可以利用其广泛的校友资源，全力帮扶农产品生产经营者开拓“从田间到餐桌”的便捷渠道，还可以利用广泛布点的社区生鲜零售店以及社区团购等资源，快速帮助建立农产品流通市场。

除了直接将产品放在已有的店面以及网上商城上进行售卖外，高校帮扶团队可以帮助当地政府建立“互联网 + 农产品”的渠道供销平台，说服政府在财税政策、金融政策及产业政策上给予有力的支持，并依托该平台来健全农产品市场信息发布机制、农产品质量检验机制及农产品网络交易的电子结算机制，为农产品的精准化营销机制建设提供有力支撑。

3. 整合“全媒渠”资源，助力农产品推广

根据已经确定的农产品目标群体和市场定位，高校帮扶团队应该帮助企业主动整合“全媒渠”资源进行营销传播，助力农产品推广。

首先，高校帮扶团队可以调动自身在计算机、软件、电子商务以及市

场营销方面的专家和社会资源，为涉农企业/合作社以及需要帮助的农户建设好自己的官方网站、官方微博、官方微信公众号等，展示企业优质的农产品以及自身良好的形象，还可以帮助他们借助微博、微信、小红书、今日头条、抖音等新媒体平台进行宣传，把握目标消费者的特点，用吸引目标消费者的内容拉近与他们的距离；也可以帮助他们建立与消费进行沟通的平台，一方面直接通过手机平台向消费者传送农产品相关信息，另一方面可以收集到消费者的反馈，从而指导生产段提升生产过程。另外，值得注意的是，应该帮助他们将媒体资源和渠道资源结合起来，在自己的官方平台设置购买的通道，让消费者能够方便快速地购买产品。

在当今这个快速发展的时代，宣传推广的方式已经不能再满足于传统媒体的砸钱式广告和农产会、农博会等活动。要让消费买得放心、开心，就需要让消费者参与到过程中，通过互动，消费者能够更好地了解农产品，也提升了购买的意愿。

除了借助多种媒体帮助农产品开展宣传推广工作之外，还可以协作开展相关的公关活动维系与消费者的情感。成功的公关活动可以使农产品的经营主体与公众之间建立和谐的关系，从而培养更加忠诚的顾客群。

（三）促进产业升级，打造优质产品

1. 推动“三产”融合与产业集聚

高校可以调动学校产业经济、工商管理、旅游管理、食品科学、轻工技术等学科专业的专家资源，为政府出谋划策，提出更好的区域产业经济和企业经营的发展规划，包括：

（1）区域产业融合模式

“一县一业”模式是利用县域经济的优势，发挥政府主导作用，聚焦某一类农产品，实行全产业链整体推进方式，加工环节全线包揽，加工产品经过物流配送和流通系统进行销售和消费。该模式已经打造出了有影响的区域品牌，并能够与休闲旅游、餐饮体验、电子商务和其他服务业交叉融合，形成产城融合更加紧密、更加协调的发展格局。

（2）打造产业集群

“一园一业”模式依靠政府建立产业园区，通过政策集成、要素集聚和企业集中，打造特色优势加工产业集群，促进加工企业与上下游各类市场主体首尾相连、前后衔接、集聚发展，形成“原料基地+加工园区+服务网络”一体化发展格局。

2. 促进技术创新与管理升级

优质品牌的基础是优质产品，农产品要做到高质量，高校帮扶团队可以组织校内食品、化工、材料等方面专家学者，帮助涉农企业/合作社开发优质高效、绿色生态、受市场欢迎、附加值高的农产品品种，并调动电子、机械、工程、建筑、环保、动保等方面专家，为农产品经营主体进行品种开发、种养技术的指导、生产加工技术以及机械设备的升级，保证新品种和新加工技术贴近消费者对优质特色农产品的需求，推动科研与生产的深入融合。

更进一步，高校帮扶团队要帮助涉农企业/合作社逐步探索现代农业企业管理模式，建立完善的企业内控管理机制，实现规范化管理，提升管理水平。建立完善组织架构、业务流程、种植加工、销售的内控管理、财务管理制度、企业会计核算制度，以及企业筹资、投资、项目建设等制度，提升企业人力资源管理、企业绩效管理、企业信息化管理水平，促进企业文化建设、企业战略发展等。突破传统农业企业部门分割、管理交叉、服务落后的局限性，实现按照市场经济体制和农村生产力发展要求，建立一个全方位、权责一致、上下贯通的管理体系。

（四）整合地方资源，发展特色产业

1. 开发与引进各类资源

开发地方特色自然资源，必须因地制宜，立足于地方特殊的地理环境。广东农业农村厅推行的“一村一品”运动值得高校帮扶团队在农村大力推广。所谓“一村一品”运动，即发动各地村民，充分挖掘当地特色资源优势，因地制宜，推出特色农产品发展农村经济的运动。高校帮扶团队可以在政府的大力支持下，帮助村镇发掘自身区域特质，制定各自的“品牌农业”发展战略，培育出具有地方特色的农村发展模式，从下至上，层层递进，从“一村一品”到区域农产品品牌，甚至最终上升到国家农产品品牌战略，实现农民脱贫致富，农村产业振兴，农业高质量发展。

除了自然资源的开发和挖掘，产业的发展还需要各方资源的整合，高校可以帮助引进多方社会资源和企业资源，“政府搭台，企业唱戏”，吸引更多的外部企业、投资商以及渠道平台关注和深度介入立足于地方特色的优质农产品和生态农产品的研发、加工、流通与市场推广，在求得市场回报的同时，也帮助当地的农民脱贫致富。

高校帮扶团队要发挥自身的影响力和资源整合能力，帮助和鼓励当地政府把发展“品牌农业”提升到战略层面，立足于乡土，开发资源，如在“靠海吃海”的乡村建立水产品产业基地，在常年湿润的梯田高山地带建立茶叶产业基地等等，立足于当地土壤、当地水源、当地气候，发挥地方特色优势。高校、政府可以联合起来，帮助龙头企业发挥龙头带头作用，对资源进行深入挖掘。资源可以从多方面进行挖掘，从口感、外观挖掘资源的外在价值，从功效、人文历史故事或传说，挖掘资源的内在价值，还可以挖掘乡村农产品有机无污染的生态价值。

2. 因地制宜发展特色产业

发展特色产业需要地方政府和企业共同合作，高校帮扶团队需要做好严谨的市场研究和资源考察工作，科学确定特色产业、区域经济发展模式以及实现路径，真正当好县、村、镇战略发展规划的智囊团。

对于农业企业而言，抢占区域的品类资源是打造品牌，发展特色产业的第一步。首先，高校帮扶团队可以帮扶企业在坚持市场需求为导向的基础上，充分调查市场上哪些产品品类需求旺盛但却缺乏优质品牌；对于已经有区域品牌但尚未形成有代表性农产品品牌的产品，企业要抓住地理优势，抢先开发当地品类资源，打造有企业标识的产品品牌。其次，对于品类资源的农产品品牌打造，要充分挖掘农产品属区的自然资源和其他地方资源的差异，从培育的地理环境特色，从培育方式，从产品外观如色泽、纹理、大小，从口感，从农产品资源相关的历史人文故事等方面挖掘资源的内在价值，将资源内在价值转化为品牌价值，将区域公用品牌资源向企业主体资源转化，促进资源整合，由此拉动产业发展。

在这个层面上，高校帮扶团队应该协助政府加大政策扶持力度，在整合了企业资源的基础上，开发村庄集体建设用地、闲置土地、山林等资源，建设地方农产品生产基地，对接当地农户，整合地方人力资源。以订单式的方式开展与农户的合作，通过订立合同，要求农户参与基地的集约化生产，为农户提供标准化的生产原料和规范化的生产管理、咨询与服务，规范农户养殖、种植等生产行为，同时保护农户利益，锁定交易价格，规避市场风险，实现企业与农户共赢。此外，还可以借助基地的集聚作用，整合技术资源。高校帮扶团队可以与基地企业联合聘请专家进行技术指导，在当地开设不同类型的培训班，对企业高管人员、政府干部进行管理培训，对农户进行技术、种植养殖等生产培训，让科技和创新的思维寓于农业生产的各个环节。在扶贫的同时，做到“扶志”“扶智”，以资源为基础，以基地为手段，从企业集群到资源整合，最终形成和发展具备地方特色的产业。

贫困地区发展要靠内生动力，如果凭空救济出一个新村，简单改变村容村貌，内在活力不行，劳动力不能回流，没有经济上的持续来源，这个地方下一步发展还是有问题。一个地方必须有产业，有劳动力，内外结合才能发展。最后还是要能养活自己啊！

——2012年12月29日、30日，习近平总书记在河北省阜平县考察扶贫开发工作时的讲话

中篇

实践

第四章
中国咖啡之梦——孟连咖啡产业帮扶纪实

第一节 孟连咖啡产业发展现状与困境

一、孟连咖啡产业发展现状

（一）孟连咖啡简介

位于云南省西南部的普洱市孟连傣族拉祜族佤族自治县（简称“孟连县”），与缅甸接壤，是许多东南亚国家与中国进行交流的重要口岸。孟连县东接澜沧县，北临西盟佤族自治县，西部和南部与缅甸相连；国境线长133公里。

孟连系傣语谐音，意为“寻找到的一个好地方”，除了被称为“边地绿宝石”“龙血树故乡”之外，还是闻名世界的咖啡原产地。云南省咖啡豆年产量9.7万吨，占我国咖啡生产的99%以上。孟连一县种植咖啡9.8万亩，年产咖啡生豆1.1万吨以上，占我国咖啡产量的10%以上，因此孟连县可称为“咖啡豆生产大县”。

咖啡生豆是一种植物果实（种子），其内含丰富的营养物质，经特殊工艺加工处理，可制成营养丰富、风味特别的饮品和食品。目前咖啡饮料排世界三大无酒精饮料（茶、咖啡、可可）之首，咖啡也因为口感好、醒神等特点而越来越被人们接受，甚至成为部分人每天必须饮用的饮料。

（二）孟连咖啡产业优势

1. 地理位置优越，种植历史悠久

云南省属于典型的亚热带气候，常年温度适中，年平均气温在20℃左右，最高气温为36℃，冬暖夏凉，四季如春。另外，云南省位于云贵高原，其中以山地、坡地居多，日照充足、雨量丰富、昼夜温差大。这样的地理环境使得云南省种植的咖啡豆无论是外形还是口味上都具有较好的品质。

云南咖啡的种植历史悠久，最早可追溯到1892年，一位法国传教士从境外将咖啡种子带进云南，并在云南省宾川县的一个山谷里种植成功。这批咖啡种子繁衍的咖啡植株至今在宾川县仍然有三十多株在开花结果。云南省咖啡种植户多为边疆少数民族，他们的民族文化历史悠久、丰富多彩，咖啡种植被定为云南高原特色产业。

在孟连乃至整个云南种植的基本都是世界精品的黄波旁和帕卡马拉咖啡。在2017年举行的“世界咖啡豆生豆大赛”中，西双版纳的生豆杯测指数达到88.62，居大赛第一；大理的生豆杯测指数达到82.48，居大赛第四；而闻名世界的巴西豆却以77.64的杯测指数排在第六，由此可见云南的咖啡豆在世界咖啡产业中属于精品咖啡的级别。

2. 大牌企业的长期优质原材料供给基地

“我们想与云南全面合作，希望将中国咖啡摆到星巴克在全世界49个国家的连锁店货架上。”[①]2009年，星巴克公司大中华区董事长称，星巴克将与云南联手打造世界咖啡种植、研究基地。

得益于云南省独特的地理位置优势，云南省一直以来都是全国咖啡豆的主要产地，其中普洱市孟连县的咖啡豆产量以质优量大而闻名。正因如此，雀巢、星巴克等世界知名企业将这里视为长期的优质咖啡原材料供给基地，这些知名企业的60%全球原材料采购都在云南省。

二、孟连咖啡产业发展困境

（一）咖啡产业附加值低、效益差

孟连咖啡产量大、质量优，然而却一直以原材料供应为主。咖啡种植户每年种植大量咖啡豆，但是他们每年的种植收入相比于消费者购买咖啡的价格，却十分微薄。

在云南，种植一亩咖啡能产出约800千克咖啡鲜果，咖农出售鲜果一亩收入约1600元；如果进行初加工，6千克咖啡鲜果经过脱皮脱胶脱水可得到

①2009年12月9日中新社新闻“世界咖啡巨头青睐云南，纷辟原料基地”；http：//news.sohu.com/20091209/n268792484．shtml

1千克咖啡生豆，即一亩地可收成约133千克咖啡生豆，2016年咖啡生豆均价约14元/千克，一亩地种植咖啡收入约1862元；1千克咖啡生豆经过烘焙变成0.9千克烘焙咖啡熟豆，烘焙咖啡熟豆磨成细粉即可冲泡咖啡。通常，咖啡馆冲泡一杯咖啡需要15克咖啡细粉，1千克咖啡细粉可冲泡约65杯咖啡，在咖啡馆喝一杯咖啡均价约30元。这样，一亩地所产出的133千克咖啡生豆经烘焙，最终实现的价值可达到23万元以上，而咖啡种植户获得收入却不到两千元，十分低微。

由此可见，孟连咖啡产业还停留在粗放式种植的田间模式，销售的是生豆，没有加工，也没有品牌，优质的产品以低贱的价格卖出，体现不出优质产品的价值，在孟连县甚至连一个品尝咖啡的舒适场所都难以找到。所以，到过孟连的人都摇头说："孟连是一个只有咖啡，却没有咖啡香味的地方！"这也是为什么当地的种植户每年辛苦劳作，在田间地头洒满汗水，却收入微薄，依旧摆脱不了贫困的处境。

云南省咖啡行业协会发布的《2019年云南省咖啡产业发展报告》①提到，云南咖啡产业多年来一直做不大、做不强，近年来更呈现产值低、效益差、积减少、出口下滑等情形，主要问题包括：

1. 政策扶持力度不足

云南省各级各部门均不同程度出台了有关扶持咖啡产业发展的政策和措施，但是由于扶贫工作等原因，最终用于咖啡基地基础设施建设、品种改良与更新及企业加工扶持的资金很少。总体资金少且分散，对于咖啡产业的快速发展明显支持不足。

2. 价格持续低迷，产业严重受损

近年来，受国际咖啡市场影响，咖啡生豆价格持续低迷。大型国际企业雀巢公司降低了收购云南咖啡豆的价格，其他的咖啡豆收购企业也参照雀巢公司的价格来收购咖啡豆。这对于当地咖啡产业的发展十分不利，咖农的收益普遍下降，甚至出现了负利润，部分咖农对于咖啡园无心管理、无力投入，弃管弃收，导致咖啡生豆产量减少、品质下降，甚至有咖农直接砍伐咖啡树改种其他经济作物，致使全省咖啡种植面积减少。

①云南省咖啡行业协会《2019年云南省咖啡产业发展报告》 http：//www.yunnancoffee.org/index/articlehtml?nid=8&child=10&artid=423

3. 企业小、散、弱，抗市场风险能力低

云南省咖啡产业的生产加工层级浅，很多咖啡初加工企业规模小、收益低，无力或不愿意投入环保设施改造，只能停工停产。而咖农自行处理鲜果不仅品质不稳定，还造成了污水的随意排放，使环境受到了一定程度的污染。同时，部分咖啡企业因经营不善，导致亏损，缺乏周转资金，严重拖欠工人工资、咖农果款，导致企业无力收购，咖农无心采摘，致使咖啡园撂荒失管，熟果无人采，甚至砍树毁园。

4. 产业链短，市场竞争力弱

云南省咖啡以种植业为主，产业发展集中在农业产业链的上游，附加值低。许多企业到云南收购咖啡豆，云南当地的企业也以收购和销售咖啡豆为主，而生产速溶咖啡、即饮咖啡等终端消费产品较少。在经济快速发展的同时，我国人民的生活水平也不断提升，对于咖啡的消费呈不断上升的趋势，中国目前已经成为世界上最大的咖啡新兴消费国之一。据预测，10年之内，中国咖啡消费市场可达到万亿元人民币。然而我国大部分消费者接触到的基本都是终端产品，且更加认同外国咖啡品牌，如雀巢、星巴克。云南省的咖啡企业大多以原料交易为主，从事咖啡终端消费的较少，导致云南咖啡在终端消费市场知名度不高，市场占有率微不足道。

（二）对于咖啡产业发展现状的反思

在中国市场广为流行的咖啡大多是速溶咖啡，比如雀巢和星巴克。速溶带来的是便利性和口味的标准化，但从健康层面出发，为更好地享受咖啡的原始风味、吸收咖啡丰富的营养成分，现磨现泡才是品尝咖啡的最好方式。而要做到现磨现泡，必须有优质的生豆原料以及精粹烘焙技术。

我国的云南，是品质优秀的咖啡产区，因为长期被外企承包垄断，又位置偏远，所以鲜为人知。日常生活中，人们喜欢饮用的咖啡饮品，原料基本来自我国边远少数民族咖啡种植区，甚至云南产咖啡有80%以上都是供给外国品牌咖啡企业。

因此，我们应当反思，为什么我们拥有优质的原料，却没有自己的咖啡品牌？为什么中国自己就不能研发更适合中国文化和中国人口味的咖啡产品？

纵观中国的农产品市场，这种“有资源，无产业；有产业，无产品；有产品，无市场；有市场，无品牌”的发展困境是一个普遍存在的现象，究其原因，总结有七：

（1）对品牌农业认识不到位。总以为产品好就有好品牌，就能够卖得好。

（2）缺少对品牌农业建设的整体规划，注重生产而忽视市场，追求规模效益，导致好东西贱卖。

（3）品牌产品科技含量偏低，高附加值产品相对较少，在市场上缺乏足够的竞争力。

（4）对区域公用品牌的重视不够，或者只是注重商标申请，而不懂如何运营和活化商标和品牌的价值，引领带动作用没有充分发挥，还存在“滥用”和“搭便车”现象。

（5）多数品牌只是注重商标的识别功能和促销功能，品牌差异化和独占性不突出，品牌影响力还停留在局部地域。

（6）现有农业品牌多集中在鲜活农产品和初级加工农产品，加工、二次增值产品还不多。

（7）多数企业仍为小规模经营，市场范围有限、影响力较弱。农民专业合作组织虽发展较快，但大多数存在覆盖面窄、带动力弱、服务功能不强、内部机制不健全等问题，一定程度上制约了品牌农业的发展。

如何破局？如何通过品牌化的运营，带领中国优质的农产品走向回报丰厚的市场？这无疑是农村脱贫致富的关键。

第二节　孟连咖啡产业帮扶具体措施

自2014年4月起，应教育部的安排，华南理工大学优秀干部到云南省孟连县开展帮扶合作，并对孟连地区的农特产品进行了一系列的调研。调研发现，优质的咖啡资源是振兴当地经济的一个重要的产业资源，然而产业初级、生产粗放，没有深加工，没有渠道以及品牌等，严重制约着当地咖啡产业的发展，导致果农的收入一直提升不上去，优质的农产品在贱卖。产业振兴，首先是品牌振兴，只有通过渠道的打通和品牌价值的提升，才能带动咖啡产业整体链条的价值提升。

于是，华南理工大学挂职干部和帮扶团队希望全面导入“品牌农业”战略，通过创建一个少数民族文化与校园文化结合的品牌——“华&连咖啡”，并开发出一种新创的咖啡产品，以独特的中国风味，主张倒推回咖啡生产加工、产品研发以及绿色高效种植的田间地头，实现品牌价值拉动咖啡种植、研发、生产、加工、销售等价值链各个环节的价值提升，最终通过市场购买力和溢价支付能力，提升云南孟连咖啡的市场价值。这不但有巨大的商业价值，而且社会效益也不凡。

感悟·挂职干部说

孟连是边疆少数民族自治县，边疆繁荣稳定需要智力扶贫，更需要产业帮扶。咖啡属常绿植物，对减少水土流失效果明显。2015年3月，学校带领专家考察并确定对咖啡产业进行帮扶。经过两年多的努力，孟连咖啡企业分别获得2017年和2018年度云南省咖啡生豆大赛冠军。通过大学生创新创业项目助推孟连咖啡豆进入校园、进入广州，参与开展消费扶贫工作。与滇西应用技术大学普洱茶学院联合开展咖啡深加工研究，开发的咖啡油产品应用于酒业、烘焙、日化等，极大地拓展了咖啡豆的应用。

——华南理工大学驻孟连挂职副县长陈荣（图4-1）

图4-1　华南理工大学驻孟连县挂职干部陈荣（左）与专家合影

华南理工帮扶团队荟萃业界精英，尤其是华南理工大学轻工科学与食品学院以及新闻传播学院、工商管理学院等方面的技术骨干和专家，将云南的咖啡产业与华南理工大学的科研相结合，并特聘请各行业咖啡专家作为咨询顾问。为了紧密跟踪市场经济和行业发展特点，特聘市场营销协会专家作为咨询顾问；不断优化综合实力，令用户得到最优质的服务和最好的投资回报，为孟连的扶贫提供全方位的解决方案，采取多种帮扶措施带动云南人民发展经济。

一、导入智能农业设备、实现一产规模化

咖啡树最理想的种植条件为：气温15℃～25℃，而且整年的降雨量必须达1500毫米～2000毫米，同时其降雨时间要能配合咖啡树的开花周期。当然，除了季节的雨量的配合外，还要有肥沃的土壤，如含火山灰质的肥沃土壤，要排水良好。另外，日光虽然是咖啡生长及结果不可欠缺的要素，但过于强烈的阳光会抑制咖啡树的生长，故各个产地通常会配合种植一些遮阳树。最理想的海拔高度为500米～2000米。由此可知，栽培高品质咖啡的条件相当严苛：阳光、雨量、土壤、气温，以及咖啡豆采收的方式和制作过程，都会影响到咖啡本身的品质。

实施品牌农业，要从源头抓起，华南理工团队（图4-2）技术支持孟连咖啡基地主要是因地制宜，采用先进的物联网技术导入智能农业系统，实时进行各种环境参数的检测与控制。使用传输传感器测量不同参数，针对咖啡豆的生长环境，实施以下监控：环境温度/湿度、雨量计、风速表、太阳辐射、土壤湿度、叶面湿度、二氧化碳、光照强度/光质比、土壤或培养液pH值/EC值等环境因子，通过传感器来控制灌溉系统，根据实际的天气情况启动开关。所有这些节点都是自动的，利用平日太阳能储存电力于锂电池中作

图4-2　华南理工大学食品学院的专家到现场指导，培育优质的咖啡品种黄波旁和帕卡马拉

为动力来源，每15分钟或每5分钟，传感器节点会自动获取环境中的相关数据，经过网关，再上传到云端平台，供咖啡生产基地管理者借由PC端和智能手机应用程序，进行读取、仿真、分析、预测、诊断、控制及优化，并对智能LED植物照明、滴灌、喷淋、水泵、风机等设备进行智能控制。

系统设立农技专家、设备管理员等账户，专家技术方案与设施管理方案自动匹配，实现一个专家、服务多边的技术服务目标。

通过以上智能农业系统的应用，结合湿控和温控系统，改善云南咖啡豆因不耐寒导致的产量低及品质不稳定的状况，并使咖啡种植得以规模化，在稳定提高品质的同时大大降低生产成本。

二、研发创新产品、科技赋能二产

要想走出原材料销售的低价值误区，提升农产品的盈利能力，必须在产品品种和深加工上下足功夫。华南理工挂职干部和帮扶团队一早就发现这个问题。要真正帮助当地的咖啡种植户脱贫致富，必须利用华南理工大学的科技成果和实验条件，开发出适合中国人消费习惯和口味的特色产品，提升当地咖啡产业创造高附加值的能力。

目前咖啡的品质优劣主要是由美国精品咖啡协会（SCAA.Q.A.I）咖啡品鉴师（Licensed Q.Grader Certificate）通过杯测完成；咖啡烘焙主要由咖啡烘焙师（RG Certification）通过观色闻香完成。青绿色的咖啡生豆（水分10%－12%）在高达250℃的温度下烘焙脱水变成黑褐色的咖啡熟豆（水分3%左右）；烘焙时间根据不同风味要求一般控制在8～15分钟，在15分钟的烘焙过程中，咖啡豆内含物质因温度、压力、水分的变化而产生焦糖化反应和梅纳德反应，生成风味丰富、香气高扬的风味物质和芳香物质，豆的颜色由青绿色变成黑褐色，咖啡熟豆研磨成细粉，经86℃～96℃开水萃取，制成美味可口的咖啡饮品。据国外文献报道，咖啡豆烘焙过程中，能产生800～1200种新的化学物质。

学校邀请咖啡专家到孟连县开展咖啡品鉴、技术交流和咖啡培训。经过不断试验和改进，2016年，孟连县娜允镇芒掌咖啡场加工日晒咖啡生豆达到精品级，得到美国咖啡豆贸易公司认可。同年，帮扶对象岩烂（咖啡种植户）被“星巴克”确认为会员，颁发了C.P证书，荣获“优秀供应商”称号。图为4-3孟连班安咖啡加工厂获得2017届云南咖啡生豆大赛第一名。

图4-3　孟连县获得2017第二届云南咖啡生豆大赛第一名的好成绩

咖啡豆的烘焙和杯测，都是通过人的感官评判完成，人为因素很多，很难做成风味稳定、营养丰富的咖啡饮品。华南理工帮扶团队利用所学的植物化学知识，通过化学分析，了解咖啡豆在烘焙过程中随温度、压力、水分变化而产生新的化学物质的规律，建立数据库，制成风味丰富、品质稳定的咖啡饮品（图4-4）。例如，团队对咖啡生豆进行化学分析，根据咖啡生豆的固有成分，规划烘焙温度曲线，控制化学反应过程，制成适合不同消费人群的咖啡饮品。

具体生产工艺的改进包括：

1. 咖啡鲜果加工

从咖啡树上采摘下成熟咖啡鲜果，经过机械脱皮，进行厌氧发酵脱胶处理，然后进行日晒（或烘干）使咖啡生豆水分降至10%～12%，便于储存和运输。

2. 咖啡豆烘焙和研磨

咖啡烘焙一般有浅度烘焙（196℃～199℃）、中度烘焙（202℃～205℃）、深度烘焙（215℃～218℃）三种方法：

①浅度烘焙出的咖啡，酸度明亮，偏甜，具有青草香味；

②中度烘焙出的咖啡，醇滑、韵味好、平衡感强；

③深度烘焙出的咖啡，香气高扬，口味浓厚。

3. 咖啡熟豆研磨

咖啡熟豆研磨一般采用挤压破碎，切削细化，这样可以减少研磨生热，有效减少咖啡原始风味因温度升高而流失。

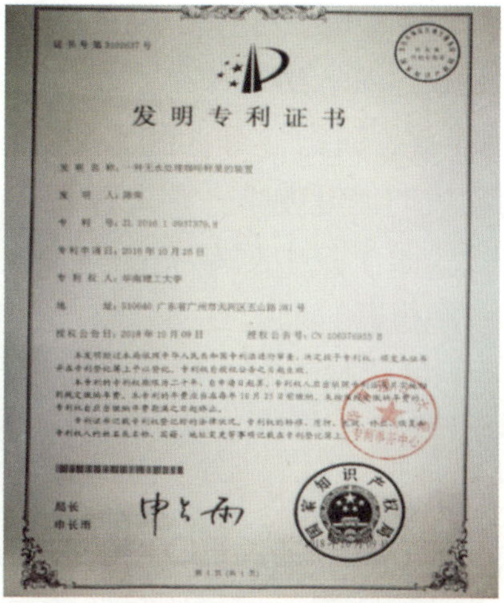

图4-4　华南理工食品科学与工程学院陈荣教授的咖啡绿色加工技术发明专利

在此基础上，开发的产品包括：

（1）挂耳咖啡：原生态品质保证；严把咖啡生豆品质关，有机种植，追求生态多样性咖啡庄园；新鲜烘焙，讲究研磨的均匀度；口味丰满；独立包装，口感丰富和细腻。

（2）滴滤式深度烘焙咖啡：精选拼配来自云南孟连高海拔的阿拉比卡生豆；小炉精心烘焙；具有坚果香气，香气丰富、高扬、口味饱满、厚实；只需热水冲调，即刻享用。适用于旅途、工作和休闲。

华南理工帮扶团队与当地企业开展“产学研”合作，共建“咖啡研究中心”（图4-5），未来规划开发的产品：

图4-5　与当地企业开展“产学研”合作，共建“咖啡研究中心”

（1）健身咖啡。咖啡除了是一种休闲饮品外，本身也有很多的养生保健功能，例如：解酒、利尿除湿、缓解便秘、改善肝脏功能、防止心血管疾病、消除疲劳、预防胆结石、减肥等等。如果配伍中药的橘皮、山药、芡实、红枣等，开发不同功效的保健咖啡，则更容易让中国人接受。华南理工帮扶团队已经开始了与学校医学院中医专家的广泛合作，正在研制咖啡保健套装，配以自动研磨和煮泡机器，形成高档套装，准备推向市场。

（2）七香咖啡。不同的烘焙工艺、手法和时间，能够制作出不同香气的咖啡豆。在烘焙过程中，咖啡生豆的水分慢慢释放，重量减轻，颜色加深，体积膨胀，含有香气的油脂慢慢释放出来。咖啡冲调完成后散发的味道，包含焦糖味、水果味、花味等，这种特性能够满足年轻人尤其是女性消费者的需求。华南理工帮扶团队联合学校的食品学院正在寻找七种具有较高辨识度的香味的咖啡，组合成七香咖啡品种，也准备推向市场。

回响·乡土音声

华南理工大学对孟连县咖啡产业帮扶成效

华南理工大学自定点帮扶孟连县以来，始终以习近平总书记扶贫开发战略思想为指导，聚焦主责主业，紧紧围绕“扶贫开发贵在精准，重在精准，成败之举在于精准”的核心要义，结合孟连县实际情况，依托高校学科优势、人才力量、科技实力、社会资源，充分发挥智库作用和专业优势，精心谋划长远，不断拓宽帮扶领域，在“输血”的同时重点帮助孟连县培育“造血”能力，帮扶成效取得累累硕果，为孟连县带来资金，带来新理念，带来人才，带来市场，在产业扶贫、教育扶贫、人才培养等多方面给予我们鼎力支持和无私帮助。一是引导企业强化规模意识。积极引导孟连咖啡企业“抱团发展”，形成集团优势，弥补企业规模较小的竞争劣势。同时，鼓励企业积极拓宽营销渠道，积极引导企业建设网络电商平台，立足自身优势加强自身建设，不断扩宽营销渠道。二是强化宣传找准销售方向。精心策划好茶咖企业参与普洱和孟连网上带货直播销售。在学校党委副书记刘琪瑾的支持和帮助下，研究制定咖啡产业帮扶方案，联合孟连县供销社下属咖啡企业开展咖啡鲜果日晒处理试验、开启孟连精品咖啡之路。三是调研摸底抓实帮扶策略。华南理工大学大学生创业团队用孟连县芒掌咖啡场的咖啡豆开展以“咖啡为主题”的创新创业活动，让学校师生品尝孟连咖啡、鼓励大学生参与乡村脱贫帮扶活动。通过近年来的帮扶，辐射带动全县6个乡镇、37个村民委员会、416个村民小组、16081户、61767人，其中建档立卡2770户、9769人。截至6月，完成咖啡豆产量6100吨，总产值1.141亿元，其中：农业产值1.09亿元，第三产值0.51亿元。华南理工大学对孟连咖啡产业的帮扶指导促进了孟连县脱贫致富，为孟连县实施乡村振兴奠定坚实基础！

——云南省孟连县人民政府办公室

三、建立专属渠道，打造“三产”场景消费

中国目前人均年咖啡消费量为5杯，远远低于日本、韩国年人均约300杯的水平；世界平均值在240杯左右。不过，中国咖啡消费量继续以每年15%～20%的幅度增长，正成为世界上最具潜力的咖啡消费大国。通常，在经历了一段经济高速增长之后的经济放缓期，是餐饮、电影院和咖啡馆大爆发的时期。经济的发展会带来普遍生活水平的提高，发展速度放缓则会让人有更多时间和冲动去思考、享受生活。中国正在进入这个阶段。

针对未来增长的市场需求，渠道的开拓与营销方式的选择，将是咖啡产业帮扶的重点。好的产品没有好的市场，好的市场没有好的价格，农业振兴都将是一句空话。

为此，华南理工帮扶团队制定了详细可行的市场拓展计划：

1. 分销策略

（1）咖啡相关产品实体馆铺零售渠道（图4-6），代表性产品是挂耳式咖啡包、咖啡饮用器具、咖啡饮品制作器具。

（2）咖啡相关产品网购零售渠道，代表性产品与实体馆铺零售产品相同。

（3）外卖渠道，加入美团外卖App平台，其产品有咖啡饮品类、主题餐饮类。

（4）展销会渠道，参加展销会，推广与销售咖啡挂耳包以及研发的新产品（图4-7）。

（5）合作渠道，与企业或组织构成需求品合作关系。

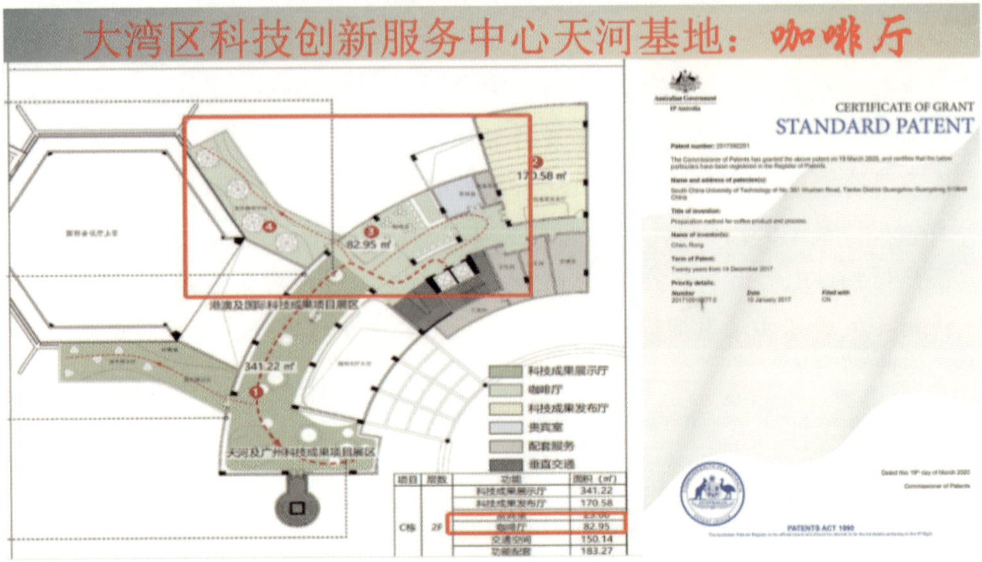

图4-6　开设咖啡馆

图4-7　高校展销会及其媒体报道

2. 促销策略

（1）关注或扫一扫本馆微博、微信公众号可获得一次消费满30减10元、满50减15的优惠。

（2）会员管理，开展会员特有优惠活动。

（3）节假日促销设计，根据节假日的文化，融合咖啡文化，设计节日文化+咖啡文化的促销活动。

（4）广告促销设计，不同时期收集数据时附带广告性促销，载体有问卷调查渠道、互联网平台调查渠道、展销会渠道。

（5）推广平台建设。包括官网建设；选择天猫、京东等热门网购平台入驻；微店开设，开通微信支付、支付宝支付、财付通等多种常用支付方式。

（6）互联网工具的应用。包括订制咖啡主体的社交App，内创咖啡商品交流、咖啡资讯分享、咖啡行业招聘等等；微信、微博粉丝积累，推广文案推送（图4-8）。

图4-8　学校党委原书记杜小明（中）到孟连指导工作

3. 自动咖啡售卖机

随着国内饮料市场需求日益增大，消费者的个性化需求也越来越多。比如多口味要求、冷热温度要求、价格要求、灵活方便的购买方式要求等等，而现有的饮料零售终端，很难满足这种多元化的需求。有没有一种终端，能够满足这种逐步增大的市场需求呢？全自动咖啡机作为在自动贩卖机的基础上发展起来的一种新型的饮料自动销售设备，在欧美及日韩等国有着极高的普及率。自动咖啡机使用方法是将饮料冲配、自动售卖系统及冷热温度调节系统有效结合，只需将各种原料粉及纸杯放入自动饮料机的原料盒和落杯器里，就可以提供各种口味的冷热杯装饮料，且售价便宜，多种口味可调，购买方便。

全自动咖啡机，或称为水量自动型咖啡机，内部装有电子控制系统，用来控制每杯的水量。这一复杂的系统使得在制作一杯咖啡时能决定何时中断水流。最简单、最常见的破坏浓缩咖啡的途径是让过多的水穿过咖啡粉，从而导致过量提取。而这种机器的出现则使这种情况得到了完美改善。

为了更好地优化消费者的体验，提升市场对“华&连咖啡”品牌的认知度和好感度，华南理工帮扶团队针对现有的自动咖啡机进行了功能的改良，定制了专属的“华&连咖啡”全自动咖啡机。这种咖啡机的主要功能包括：

（1）程序设置：增加了一些程序的设置和对现有程序的体验优化，比如杯量控制、温度控制、预磨粉功能、咖啡豆用量的调节、预置功能等。团队的“华&连咖啡” 全自动咖啡机可根据个人口味的不同，自由调节咖啡或者其他饮料的口味，也可以自由调节饮料机的出水量。

（2）清洁功能：全自动咖啡机的零部件可拆卸，用过后可以把可拆卸部分拆卸下来进行清洗，不能拆卸的咖啡机会自动清洗。对于自动清洗，团队的“华&连咖啡” 全自动咖啡机提升了清洗的频次与效率。

（3）加热系统：全自动咖啡机使用热阻板和加热单元进行加热，通常不到一分钟就可以完成从冲至温度到加热温度。团队为“华&连咖啡”全自动咖啡机设计两个加热系统，这样的好处是可以减少消费者的等待时间。

（4）数码智能控制：“华&连咖啡”全自动咖啡机采用的是数码智能控制，咖啡机的LCD屏随时可以显示工作状态，数字显示屏会显示咖啡机准备好做什么或正在做什么，按照指示就可以冲调出咖啡。

（5）组合功能。“华&连咖啡”全自动咖啡机正在研制能加热牛奶并把它按比例配在咖啡里的机型，以及配备有十盒中草药磨粉的自动保健家用全自动咖啡机等。

随着喝咖啡越来越流行，移动支付越来越方便，写字楼的白领人群购买咖啡已是一个高频消费行为，咖啡零点吧可以把这个群体连接在一起，可以打通线上线下，未来也有很大的变现空间。自助式咖啡吧在国外非常普遍，在德国、瑞士、法国、英国等国家的高速公路、游乐园、机场、商超等区域，总数有几万个，在中国却是市场一片空白，主要在5A级以下的综合性写字楼、商圈、大学校园等地布局。

目前“华&连咖啡”孟连咖啡基地有一个1000平方米的立体仓库，签约四家物流公司。未来的一个月，App客户端也将上线。在高校内部入驻多台咖啡自动售卖机，在售卖的同时推广品牌文化及产地监控，本土咖啡馆除了打好文化牌，还要不断培养市场；借助资本的力量和互联网优势，全面推动“华&连咖啡”咖啡馆的品牌连锁店的加盟，线上线下深入融合，打造便利的消费场景；不但以品质服人，而且以便利助人，为品牌提供更大的舞台和影响力。

加盟一个“华&连咖啡”咖啡馆能有多少的盈利呢？基本的收益预测如下：

1. 收益由营业额和外卖营业构成

（1）馆内营业额 = 每人平均消费额×咖啡馆座位数×客满系数×营业天数

客满系数：一个表示一台桌子的占用率情况，例：一台桌子4张椅子，如果坐了3个顾客，那么客满系数为0.7。

每人平均消费30元，咖啡馆座位数为60位，客满系数取0.5，营业天数30天。

营业额=50×80×0.5×30=60000（元）

（2）外卖营业额=每单平均消费额×日外卖单数×营业天数

外卖营业额=30×30×30=9000（元）

（3）咖啡自动售卖机月营业额=15×30×3×3×30=121500（元）

2. 成本由实体店、物流网设备、自动化设备三方面构成

30000+4600+50000+200000=284600（元）

按照估算出的数据来看，284600元的创业资金在月净收益为190500元的精准扶贫孟连咖啡项目中，能在三个月内回本达到正常盈利状况。

不久的将来，团队希望中国品牌的咖啡产品、咖啡馆在市场中有一定的市场占有率，实现中国咖啡品牌在世界上从0到1的突破。中国咖啡企业能打造一个良好的国产咖啡生态链，追求品质，弘扬中华文化，坚持自立自强，做产品创新、文化创新。与此同时，助力推进我国的经济发展，贯彻落实扶贫的计划以及方针，实现创业带动就业、创业解决扶贫、创业助力经济发展的三合一愿景（图4-9）。

“华&连咖啡”肩负使命，砥砺前行！

图4-9　组织学生创业团队，助力孟连咖啡的市场推广

印象·新貌

发展潜力无限的孟连富岩咖啡

云南普洱市孟连县富岩镇在最近几届的普洱咖啡生豆大赛中，冠军豆频出，这里的咖啡种植基地从当年的散种散收发展为规模和品种、品质都接近甚至超过国际化水准的咖啡庄园。

芒冒班安咖啡基地，属于高海拔低纬度的精品咖啡庄园，2011年建厂，现种植咖啡880亩，带动芒冒村、信岗村8个村民小组206户688人种植咖啡，年产200多吨鲜果；通过种植咖啡，咖农的收入也在逐步提高。

咖啡产量不高，但平均质量好，果实饱满，气味芳香醇厚，口感温和宜人，2014年被星巴克确认为会员，荣获优秀供应商称号。2017年参加第二届云南咖啡生豆大赛暨第五届普洱咖啡生豆大赛，获得评委一致好评，评分为85.5455分，创云南咖啡生豆有史以来最高分，并荣获本次大赛第一名。

孟连信岗茶咖庄园从1999年开始种植茶叶，2003年种植咖啡，现已有茶地3000亩、咖啡2600亩，带动周边21个村民小组757户2703人。作为一家正在茁壮成长的佤族企业，信岗茶咖庄园传承着佤族部落的文化血脉，这里的咖啡人从源头把关，呵护着每一粒咖啡。2016年，精品咖啡之父——日本的田口户先生，曾到孟连信岗茶咖庄园指导咖啡生产加工技术。云南国际咖啡交易中心高级顾问泰德·林格先生，也定期到访孟连信岗茶咖庄园，考察参观沟通交流，让这里的咖啡人受益良多。

孟连天宇咖啡农民专业合作社成立于2010年初，合作社场址位于孟连县富岩镇芒冒村东密组，咖啡园海拔1400～1600米，处于澜沧江和南卡江分水岭，与缅甸隔江相望，环境优美，土地肥沃，咖啡种植面积达1200亩，带动周边6个村民小组156户624人，计划在2020年前扩大咖啡种植面积至3000亩。天宇咖啡在2018年第三届云南咖啡生豆大赛暨第六届咖啡生豆大赛中荣获第一名。

第三节 孟连咖啡全产业链扶贫成效

华南理工大学帮扶团队为孟连咖啡产业的发展所提出的全面导入“品牌农业”、打造精品咖啡的战略，旨在实现品牌价值拉动咖啡种植、研发、生产、加工、销售等产业链各个环节的价值提升，最终通过市场购买力和溢价回报，提升管理孟连咖啡的市场价值，带给农民更多的收入，以此推动乡村振兴。现已取得初步成效，对当地以及整个云南省的咖啡产业的高质量发展产生了较大的影响。

2018年，云南省政府工作报告提出打造“绿色食品牌”后，“云咖”产业积极行动，在延续以往绿色生产的基础上，开始布局全产业链。省咖啡协会负责人表示，今后“云咖”产业将在种植端、加工端、消费端全线布局，努力将“云咖”产业打造成为云南“绿色食品牌”中的招牌。

省咖啡协会负责人介绍，今后，云南省将全产业链打造云南咖啡“绿色食品牌”。在种植环节，借助云南大力发展节水农业，推广水溶肥。并通过立体化种植，种植橡胶、坚果类等阴避树，咖啡树下养殖家禽，做到真正的绿色循环种植；在加工环节，提升初加工环保水平，做到少排放；在消费环节，增强精深加工能力，生产出更多的绿色产品以满足不同消费者的需求。云南农垦集团相关负责人表示，将大力发挥大型农业的骨干作用，按“大产业+新主体+新平台”发展模式，从精耕咖啡种植基地、加大云南小粒咖啡品牌推广、咖啡产品创新提升等方面，全力推进云南省咖啡产业全面发展。

根据云南咖啡2016—2020年发展规划，到2018年，全省咖啡种植面积达到180万亩以上，年产咖啡生豆15万吨，实现总产值210亿元以上，其中农业产值30亿元、工业产值60亿元、第三产业产值120亿元，实现农业增加值20亿元以上，出口创汇超过5亿美元；咖农120万人，咖农人均收入2255元，精品咖啡比重由目前的3%左右提升到5%以上，精深加工产品比重提高到20%以上；省级以上龙头企业达到15个以上，建立标准化生产示范园区10个，建成高标准的初加工厂30座。到2020年，全省咖啡种植面积达到200万亩以上，年产咖啡生豆18万吨，实现总产值300亿元以上。

到2020年，云南省咖啡种植要按照“绿色、有机、生态、可持续”的发展理念，在27个咖啡重点县（市、区）中，重点支持隆阳、思茅、芒市、盈江、宁洱、墨江、孟连、澜沧、镇康、耿马、云县等11个种植面积达到10万亩、产量5000吨以上的生产大县（市、区）。积极培植景谷、江城、景洪、临翔、双江、永德、沧源等7个种植面积达到5万亩、产量3000吨以上的生产县（市、区）。适时推动宾川、泸水、勐海、河口、麻栗坡、凤庆、陇川、瑞丽、龙陵等9个地域特点突出、区域产品价值明显、发展空间有潜力的县（市）。①

在云南省发布的高原特色现代农业“十三五”咖啡产业发展规划中，除了对咖啡产业的发展进行了基于种植、加工、市场以及庄园的基于一、二、三产业融合发展的产业链布局外，特别提到了“品牌培育”以及“市场开拓”二大重点工程。

在品牌培育工程方面，规划中强调了要树立“云南咖啡”的整体形象。一是通过举办“云南咖啡产销对接会”“云南咖啡杯国际冲煮大赛”“云南咖啡生豆大赛”“世界虹吸壶大赛”分区赛和“咖啡时光”“云南咖啡进校园”等活动，多渠道、多角度对“云咖”品牌进行宣传。二是鼓励企业选派高水平选手，使用云南精品咖啡参加各种世界大赛，高规格、高层次、高级别、高频率展示“云咖”品牌，通过获取世界大赛的名次提升云南咖啡的影响力（曼老江的烘焙师使用云南豆在Coffee Review组织举办的世界权威烘焙比赛中，两次得分在90分以上，达到世界顶级咖啡水平）。三是发掘并讲述“云咖”故事，如“朱苦拉”品牌的云南咖啡历史与宗教故事，意大利电影《咖啡风暴》的云南咖啡爱情故事等，进一步扩大“云咖”品牌知名度和美誉度。

除了培育产品品牌外，还要培育企业知名品牌。在省级以上农业产业化龙头企业中，对获得省级以上著名商标的咖啡企业给予重点支持；重点培育2～3家企业，打造成为中国名牌和中国驰名商标企业。用好地理标志产品保护和证明商标，引导咖啡企业统一产品包装和标识，充分利用市场手段整合资源，集聚品牌效应，努力培育打造2～3个知名度高、带动力强、辐射面广的优质咖啡产品品牌。“十三五”期间，新增国家级咖啡品牌2个以上，新

①中华人民共和国农业农村部.云南：“云咖”加快推进全产业链布局．http://www.moa.gov.cn/xw/qg/201805/t20180529_6147343.htm?ngdbaiecbaaimoph

增省级咖啡品牌5～10个。

而在市场开拓工程方面，规划要求搭建服务平台。努力整合云南省内外已有平台，以普洱、临沧、德宏、保山和昆明的咖啡产业园区为平台，在全省建立咖啡标准化仓储中心和物流配送中心，不断推出与产业相关的金融服务、保险服务、信息服务、物流服务等，以园区模式整合资源。

建立云南咖啡品饮馆和体验店。鼓励有实力、有品牌和有市场影响力的企业，采用“咖企+咖啡馆”模式，在全国主要城市开设云南咖啡品饮馆和体验店，优质咖啡通过咖啡馆直接对接市场，进一步挖掘国内消费潜力。

大力发展“互联网+咖啡”。鼓励支持企业拓展销售区域，建设线上线下O2O营销体系，发展“互联网+咖啡”模式，建立直销店、经销商店、网店等，提高市场占有率。

加强国际交流与合作。积极利用与美国精品咖啡协会和国际咖啡品质学会的战略合作伙伴关系，推进云南咖啡融入世界精品咖啡体系；支持咖企积极参与相关世界咖啡组织举办的各类活动，扩大国际市场。

政府发展咖啡产业的战略构想，跟华南理工大学努力推动孟连咖啡通过品牌价值提升带动整个咖啡产业高质量发展的思路完全一致。不得不说，对国家农业发展政策的深刻领悟、对所属行业的本质认识以及对未来发展趋势的正确研判，是真正取得产业扶贫绩效的根本保证。在这方面，华南理工大学帮扶团队体现出了难能可贵的专业性和信念坚定的持久力。

第五章
等你千年，养你一生——云茶产业帮扶纪实

第一节　云茶产业发展现状与困境

茶叶中含有儿茶素、胆甾烯酮、咖啡碱、肌醇、叶酸、泛酸等成分，可以增进人体健康，被誉为“世界三大饮料之一”①。位于滇西横断山系纵谷区南部的云县（图5-1），是一座古老的茶都。这里是世界茶树和茶文化起源中心之一，从茶叶的种植到加工再到贸易，都有着悠久的历史。这里记录了茶树从野生到栽培的完整驯化进程，有被誉为“茶树自然历史博物馆”的白莺山古茶园，也有承载茶叶贸易兴衰历史的南线茶马古道的重要渡口——神舟古渡②。

图5-1　云县风光

①茶叶第一次被认定为人类的“精神保健剂”. https://www.sohu.com/a/325934780_815785.

②不是普洱和版纳，原来这座城市才是云南的产茶大户！https://www.sohu.com/a/280322323_691045.

种植茶叶需要降水充沛、年温差小、日夜温差大、无霜期长以及光照条件好。云县地处偏远却自然环境得天独厚，在3760平方千米县境内，适于种茶的面积就有1343平方千米，占总面积的35.72%。云县茶叶不仅数量占优，品种丰富，而且颇具特色。县境内有茶组植物4个茶系，6个茶种，1个未定种，其中大苞茶为特有种。就连声名远扬的普洱茶、滇红茶和云南蒸青茶也诞生于此。普洱茶讲究冲泡技巧和品饮艺术，其饮用方法丰富，既可清饮，也可混饮；茶汤橙黄浓厚，滋味浓醇，香气高锐持久，香型独特；普洱茶经久耐泡，并且还具有降低血脂、减肥、抑菌助消化、暖胃、生津、止渴、醒酒解毒等多种功效，是一种大众饮料。滇红茶则身骨重实，色泽调匀，冲泡后汤色红鲜明亮，金圈突出，香气鲜爽，滋味浓强，富有刺激性，叶底红匀鲜亮，加牛奶仍有较强茶味，还具有利尿、杀菌、提神消疲、延缓老化等作用，是中国出口红茶中售价高创汇多的品种之一。蒸青绿茶以新工艺保留了较多的叶绿素、蛋白质、氨基酸、芳香物质等内含物，茶叶色泽翠绿，汤色嫩绿，叶底青绿，其茶汤滋味鲜爽甘醇，带有海藻味的绿豆香或板栗香，非常受市场欢迎。然而当人们提起普洱茶、滇红茶、蒸青茶时，想到的不是云县，而是其他地方，这未免有些遗憾。

一、云茶发展现状

云县是云南重要的茶叶生产大县，茶产业自然是该县的支柱产业。全县有古茶树资源7.65万亩，其中野生型占茶树群落4.24万亩，栽培型古茶园3.41万亩。2013年，云县实现茶叶农业总产量14106.4吨。若按照每平方千米产茶量计算，云南省2013年平均茶叶产量为0.77吨/平方千米，云县茶叶年产量达到3.84吨/平方千米，是全省平均的5倍多，在云南省129个县级区划中排行第四。作为一个古老茶都，云县茶叶种植规模足够大，但却一直名不见经传。因其生产加工能力不足，云县每年所生产的茶叶产值不高，大多是供给周边县市（如普洱市）进行加工生产。云县本地上规模的茶企业不多，更多的是小作坊式的低成本竞争，利润空间不大，更有甚者，茶企业各自为政。因此尽管云县的茶叶种植发达，但却并未给当地经济带来足够的带动力。2012年末，云县累计识别建档立卡贫困村65个、贫困户11917户，共52847人，贫困发生率为10.31%。

二、云茶发展困境

如何才能改善现状，提高产值，拉动经济，脱贫致富呢？这不光是云县的问题，也是党和政府扶贫工作所关注的痛点。云县既有优越的地理条件和源远流长的茶历史，又有茶叶种植经验和规模，那么产值提升的短板究竟在哪里？主要原因是茶产业链和价值链缺失，从招商引资到加工再销售环节都很薄弱，制约了茶产业发展、茶农增收。

中国自古以来都是茶叶生产、消费和出口的大国，茶叶远销世界各国，如摩洛哥、日本、美国、俄罗斯等。人们对茶的喜爱构成了旺盛的茶叶市场，导致激烈的茶叶供给竞争，也催生了成熟的茶叶交易市场。在茶叶市场，获取相应份额，占据一席之地才能促进云县茶产业发展，因而茶叶产销市场发展趋势是打造茶产业链和价值链的风向标。

随着我国经济快速发展，人民收入大幅增加，对健康的追求渐成风尚，目前茶叶几乎成为全民饮品，无论男女老少都有一定的茶叶消费行为。加之“互联网+”背景下电子商务的流行和普及改变了交易的渠道和方法，茶叶产销市场发生了结构性的变化。从茶叶品种交易份额来看，随着人们对红茶文化的关注，红茶消费的市场份额迅速上升。从茶企竞争手段来看，品牌化成为市场营销的重点。消费市场对于茶叶品牌消费意识在不断强化，围绕品牌价值的交易价格体现出较大差别。从茶叶加工来看，茶叶加工产业化取代了自采自炒的零散加工模式。随着产业化加工程度的显著提高，标准化、规模化、清洁化加工模式提升了茶叶产品的品质，更具有市场竞争力。从交易渠道来看，茶叶电商采购量增长明显，网络交易额的增长速率明显高于行业增速，另外国外代购茶叶的兴起，也使茶商多了一条新的销售渠道。

当前，我国茶产业正处于供给侧结构性改革的关键阶段，同时处于转型升级和创新发展的重要节点，业态革新和产业变革顺势而行、快速推进。回首2019年中国茶叶行业发展的整体形势，产业环境不断优化，从中央一号文件《中共中央、国务院关于坚持农业农村优先发展做好“三农”工作的若干意见》到全国两会都提到了推动茶产业发展的工作任务。政策利好持续释放，行业创新活力不断得到激发，跨界融合成为常态，茶产业发展呈现稳中有进、质效提升的势头。与此同时，在快速发展的背后也出现了一些“翻车”事件和负面信息，值得我们反思和警醒，也亟需整个行业规范其良性、健康与可持续发展。在此背景下，云茶亟待抓住并利用利好的发展政策，整治行业乱象，规范管理秩序，推进自身的产业升级，实现云茶在“扶贫链”中的造血机能。

“六年来，学校致力于通过全产业链精准扶贫精准脱贫，除了产业扶贫、智力扶贫外，还搭建了像今天这样的直接扶贫窗口。”华南理工大学党委书记章熙春在华南理工大学帮扶贫困地区农特产品展销会上透露，学校组建了来自5个学院、横跨多个学科的27人的专家团队，深入云县山水田间调查研究、问诊把脉，着力打造“云游云县 康养一生”的总体形象，确定了“1510”一体化全域发展策略，即1套顶层设计、5大落地平台抓手、10项产业推进行动，构建了“政府统筹推进、社会合力帮扶、学校全程智助”三大合力保障的扶贫链造血体系，为精准扶贫谋划了清晰的“路线图”。

感悟·挂职干部说

云县位于云南省西南部、临沧市东北部，地处滇西横断山系纵谷区南部，山高坡陡、峡谷纵横，立体气候明显。云县是世界茶树起源地和原产地之一，茶叶生产历史悠久，茶文化底蕴深厚，有最适宜茶树生长的自然环境和丰富的古茶树资源，全县有茶叶产业面积24.23万亩，被中国茶叶协会认定为“全国重点产茶县”。但云县茶叶附加值低，缺少品牌、市场，茶叶制作标准不一，茶产业长期处于较低水平的发展状态。

近年来，华工与云县赓续努力，从品牌、市场、文化等方面不断提升云茶品牌形象、传播挖掘云茶文化内涵、对接全球各地消费市场，云县茶歌《等你千年，养你一生》脍炙人口，“云游云县”的康养定位传遍四方，云县茶叶附加值逐渐提高，茶叶加工生产逐步规范，茶产业发展的步伐逐年加快，随着大交通时代的来临，云县茶产业将会成为振乡富民的旗手和主力。

——华南理工大学驻云县挂职副县长张健

回响·乡土音声

感谢华南理工大学历年来对云县的尽心帮扶，希望通过这次的实地调研（对口产业调研），大家以独特的慧眼对云县有一个初步的了解，将云县的优势对接华南理工大学的智力资源、校友资源等宝贵资源，共谋发展。

——云南省云县人民政府副县长王应森

第二节　云茶产业帮扶具体措施

根据《教育部关于做好直属高校定点帮扶工作的意见》等文件精神，自2013年起，按照教育部统一部署，华南理工大学对口扶贫云南省临沧市云县。针对云县基础设施薄弱、人才匮乏、技术落后等特点，学校依托学科优势、人才力量、科技实力组建了来自多个学院，横跨多个学科的专家团队，着力构建政府统筹推进、社会合力帮扶、学校全程智助的扶贫链“造血”体系。在组织了相关部门负责人和专家学者深入云县实地考察（图5-2、图5-3），并对云县产业进行调研分析后发现，在发展产业的过程中，云县的“三有三缺”：一是有想法缺信心，即有谋发展的心动，缺乏发展信心行动，亟须专业人士的指导和引领；二是有产业缺品牌，即产业有规模，但是缺乏竞争力品牌，亟需打响品牌，提升产品价值；三是有资源缺资本，即资源丰富但是缺乏项目打造，亟须招商引资，把资源有效利用起来。

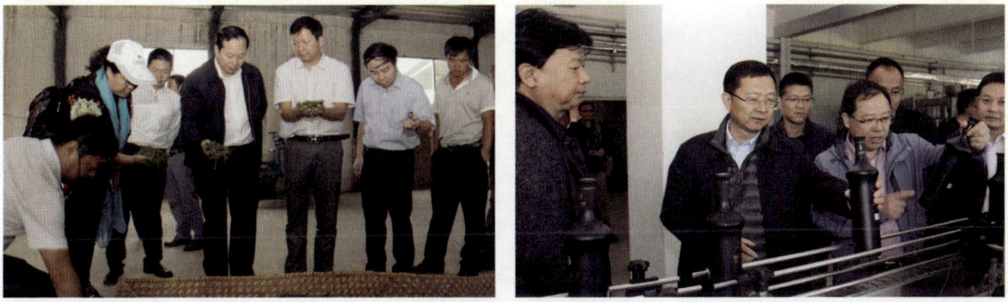

图5-2　华南理工大学党委书记章熙春、校长高松带队调研云县企业

图5-3　学校专家团队调研云县茶产业

通过深入调研，摸清云县发展机遇和挑战，学校相关专家、领导和调研团队，制定了初步的产业帮扶办法，并经过多年来不断的优化和调整，形成了具有华南理工特色的产业帮扶模式。具体帮扶措施有：

一、整合资源，多渠道招商引资

华南理工大学结合云县当地实际和资源禀赋，充分整合自身丰富的校友资源，把握时机，积极为云县宣传推介，招商引资。以校友理事会暨海内外校友分会负责人会议为平台，进行“汇聚绿色为崛起正能量，共抒中国梦云县新篇章”专题推介，并在校友会会刊上刊登专栏，宣传云县的招商引资环境和政策，吸引客商来云县投资；依托广东商会、电子商务平台等平台，通过网站、QQ、微博、微信，有的放矢地开展招商引资工作，把云县的优质农特产品推进广东，推向全国，增加云县产品的认知度和品牌影响力；同时，在校内设立云县高原特色生态产品展销摊位，联系新希望六和股份公司、珠海经济特区电力开发集团有限公司、上海能辉电力科技股份有限公司、三六零公司、广州白云山拜迪生物医药公司、得园（元亨）投资集团、香港昇丰集团、广东省物资进出口公司、广州诺诚生物制品股份有限公司等上百家企业老总来云县考察新能源、旅游及农业开发项目。其中落实的有：2016年元亨投资集团在云县注册成立“云县翰林茶业有限公司”，投资二千多万元收购生态茶园3300亩，建设一家茶厂（占地10亩），两个茶叶初制所，年产值并出口共5000多万元，年纳税500多万元；同时，收购参股云县一家酒店，解决200多人就业和脱贫解困；促成广州云纵有限公司与大寨镇古树茶专业合作社签订了商贸合同，通过多元化的线上电商渠道对合作社加工的古树茶进行推广和营销，以达到以产业扶持带动村民脱贫致富的目标。2017年，帮助云县大寨镇销售了80多万的茶叶，带动了近百名村民脱贫致富。

二、文化宣传、塑造云茶产业形象

当前，随着我国综合国力的不断提升、传统文化的复兴和文化自信的增强，茶文化作为中华民族优秀传统文化的重要象征和代表性载体，不断满足人民群众身心健康和精神享受的需求，还承载着中华民族五千年的文明史。与此同时，中国茶文化也是世界优秀文化的重要组成部分。茶文化作为一张芳香隽永的中国文化名片，扮演着文化媒介与桥梁纽带的角色，如“茶叙外交”“茶文化外交”。近年来在融入重大国家战略的过程中快速走向世界，成为连接中国与世界和平交流的重要纽带。

为了帮助云县构建“扶贫链”造血机制，2017年9月开始，华南理工大学发挥学校在教育、学科、人才和校友等方面的优势和资源，组建一支包括旅游规划、城市规划、新闻传播、文化设计、互联网应用、公共管理等专业的全域旅游规划团队，举全校之力为云县设计“一体化”全域旅游规划，希望能以文化为灵魂，通过景观设计强化当地特色产业及企业的形象塑造，引导企业对观光路线的企业文化品牌宣传予以重视，实现通过旅游活动“吸引人来，带走品牌”的综合效益。

历经4批25人次深入调研、20余次专题研讨，校地双方紧密合作，云县全域旅游规划“1+5”项目于2018年9月全部完成并交付当地政府。项目得到了当地政府的高度肯定，认为该规划具有较强的前瞻性、指导性和可操作性，并将在今后的实施中为打造云县茶产业形象和品牌逐步发挥重要作用。

在考察云县白莺山期间，华南理工大学经济与贸易学院吴志才教授提出以“等你千年 养你一生”为着力点定位宣传白莺山的概念，并被采用为云县白莺山古茶园的宣传口号，做成标语牌设置在澜沧江边214国道旁。在此初创灵感的指引下，云县彝族音乐人杨天龙、彝族诗人刘世坚写成了结合民族特色和创新元素、旋律优美、朗朗上口的云县茶歌《等你千年 养你一生》，并在云县广为传唱，有效地提升了云茶的产业形象（图5-4）。

图5-4　云县茶歌创作团队赴华南理工大学学习交流

在华南理工大学设计学院师生团队帮助下，该规划还设计了云茶公共品牌标志（图5-5），并被云县农业农村局注册成为云茶商标。云茶标志在保持“茶”字形的基础上，通过“树”“山”“人”的抽象整合形成信息传达集中的图形画面，表达双人在山下或家中惬意品茶的意境。品牌标志可用于旅游宣传和云茶包装应用中（图5-6），规范和体现了云茶的整体形象。

通过以上多种形式的文化宣传，云茶产业形象和知名度得到了极大的提升。依托云县白莺山、大丙山、茶房乡等产茶胜地，升级改造白莺山景区，全面挖掘漫湾镇白莺山旅游资源，通过茶文化的演绎，开辟茶道、茶养等具有体验性的服务产品，激活180多万棵古茶树市场潜能，打造“白莺山”品牌。2017年，一万多名茶商、茶人到白莺山考察购茶，交易茶产量约280吨，交易茶产值1400多万元。

图5-5　云茶公共标志

图5-6 云茶公共标志的实际应用

三、品牌引领、提升云茶品牌价值

（一）《淳林话品牌》之云茶专题

在全域旅游规划的宏观布局下，以扶助云县特色产业和优秀企业的品牌发展为重要现实抓手，华南理工大学新闻与传播学院联合广东省新媒体与品牌传播创新应用重点实验室依托《淳林话品牌》的平台资源，通过策划并推出“中国云茶”专题进行云县茶文化与品牌推广与传播：对内激发云县特色行业、企业的品牌意识，对外形成云县特色品牌的专业化背书和高层次传播。

《淳林话品牌》是一档视听新媒体访谈节目，于2016年创办，由知名品牌战略与传播专家、华南理工大学新闻与传播学院的段淳林教授和广东新闻广播电视台主持人曹晨辰以对话的形式，与每期企业家嘉宾共同讲述品牌故事，每周除了在广东广播电视台新闻频道首播之外，也会在新媒体平台上线播出。该节目呈现形式丰富多样，积累了一定的覆盖力和影响力，吸引了众多企业高管、创业人士及高校师生关注，被网友们称为“一档推动中国品牌发展的节目”，已拥有300多万受众。

2018年1月，华南理工大学新闻与传播学院和广东省新媒体与品牌传播创新应用重点实验室开始策划《淳林话品牌》“中国云茶”专题（图5-7）。“中国云茶”专题通过邀请云县代表性茶叶企业负责人与段淳林教

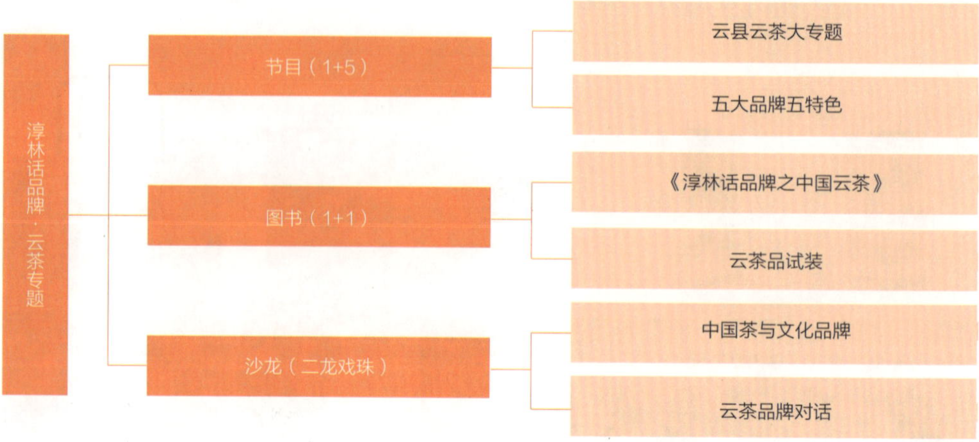

图5-7 《淳林话品牌》之云茶专题策划方案

授进行对话，旨在扶助云县茶业企业实现品牌升级与精准传播，助力打造云县企业中的标杆工程，并以企业带动农户，帮助云县当地的茶农实现脱贫致富。

“中国云茶”专题首期已于2018年7月3日在《淳林话品牌》成功播出（图5-8）。首播中邀请的企业家代表是云县国汉生态茶业有限责任公司创

图5-8 《淳林话品牌》之云茶专题首期

始人——张礼军。国汉公司是“云南省农业产业化省级重点龙头企业”。“国汉”牌商标本身于2012年已荣获云南省著名商标，是云南普洱茶的代表品牌。在节目中，段淳林教授与张礼军先生就云县、云南的茶叶企业发展和茶叶品牌建设进行了对话。张礼军先生讲述了其从19岁开始在云县创办国汉的创业历史，并对公司的创新产品进行了宣传。如国汉公司不断摸索市场需求，面向大众群体开发的速溶茶、爽心茶等。此外，多年来国汉致力于帮助云县农户解决收入问题。目前国汉茶业共与152户茶农建立专业合作机制，其中贫困户32户，共辐射带动周边农民21710户，共联挂茶叶基地12000亩。每年带动茶农增收约1215万元。“国汉”品牌的发展切实带动了云县茶农增收致富。访谈交流中，段淳林教授也从专业的角度分析了国汉茶业的品牌发展之路，并针对茶叶品牌未来的发展提出了相关的建议。该期节目首播后反响良好，通过爱奇艺、腾讯视频、微信公众号、喜马拉雅等媒体平台向社会推介，累计播放量已超过1000万次，后续节目正持续推进中。《淳林话品牌》“中国云茶”等专题项目预计将间接带动十余万户农民增收上亿元。

（二）云县品牌联盟

2019年8月14日，在华南理工大学的推动和指导下，由学校新闻与传播学院、云县地方产业发展服务中心、县工商联、县融媒体中心、县茶叶促进会、县餐饮协会、县养殖协会及部分企业联合倡议发起的云县品牌联盟（图5-9），在云县正式成立。该品牌联盟致力于积极整合企业、媒体、学者、资本等资源，打造统一的宣传平台、交流平台、合作平台、提升平台，通过持续发挥联盟的联合，为云县中小企业品牌建设提供推广服务。

品牌联盟专门设置“云茶”品牌小组，推动云茶产业升级。例如，云县国汉生态茶叶有限公司聘请段淳林教授为企业品牌顾问，助力企业发展，振兴乡村经济。作为全国第一个县级品牌联盟，未来该平台将引导和鼓励云县企业家以市场为导向，以客户为中心，以云县“大交通时代”来临为契机，不断强化品牌意识、市场意识和合作意识，加强合作，优势互补，共赢发展，助力云县经济社会全面发展。

图5-9　云县品牌联盟揭牌仪式

（三）华南理工—国汉茶文化传播联合研究中心

云县以国汉生态茶叶有限公司为首的茶企业，一直以来倍受销售品牌的困扰。云县拥有众多古树茶资源，外销良好，颇具名气，但无奈打不出品牌，尚未有一个强有力的龙头企业来带动整体茶产业的发展。为此，华南理工大学与国汉共同成立了“华南理工—国汉古茶资源及文化传播联合研究中心”（图5-10），旨在对云县丰富的古茶资源进行研发，从古茶文化入手来打造并提升云茶品牌价值。

图5-10　华南理工-国汉古茶资源及茶文化传播联合研究中心

为此，一方面华南理工大学举办了云县农产品展销会，帮助国汉与广东马可波罗陶瓷有限公司达成合作意向，帮其生产定制产品；改进产品包装设计，提升品牌形象；并在e帮扶平台上进行销售，三个月销售了上万元的产品。另一方面，华南理工大学还将茶品牌推广、产业扶贫和大学生思政教育结合起来，学校购买了由华南理工—国汉古茶资源及文化传播联合研究中心监制的10000多份普洱生茶（图5-11）赠送给全体2020届毕业生作为毕业礼物，希望华南理工学子在专业领域有所建树的同时不忘饮水思源回馈社会，主动融入脱贫攻坚大局中，以实际行动助力云县脱贫攻坚。为引导全体毕业生关心国家脱贫攻坚事业，增强使命担当，学校在包装上设计两则标语，一则标语为“珠水沧江心连心，脱贫奔康手牵手”，其中“珠水沧江心连心”是借学校地处广州的珠江与云县所在临沧市旁边澜沧江寓意两者之间深厚的感情。另一则标语为“携手脱贫奔小康，青春新火试新茶”，其中“青春新火试新茶”是借喻青年大学生朝气蓬勃，勉励他们主动融入脱贫攻坚大局，建功于新时代。

图5-11　华南理工大学2020届毕业生纪念茶

回响·乡土音声

由于地域的原因，云县的品牌难打响。很感谢华南理工大学专家团队的帮扶与支持！我们公司国汉茶业于2017年和华南理工联合挂牌成立华南理工—国汉古茶资源文化传播联合研究中心。公司所在的云县是产茶大县，亟须华南理工在经营上和技术上的帮扶和合作。这几年，华南理工为我们带来了很多发展机会，产品销售得到了大大提升，带动了茶农的增收，还打响了云县云茶品牌。华南理工通过带动云县茶企业发展走出了一条产业扶贫的创新之路，有效解决了茶农卖茶难的现实问题，茶农收益显著提高。广大茶农在茶叶产业发展中得到实惠，茶农高兴，企业更高兴，当地茶产业也得到了健康发展！

——云南省云县国汉茶业负责人杨卫红

四、消费扶贫、拓宽云茶销路

（一）“爱心茶”精准扶贫创业项目

华南理工大学“爱心茶”创业公益团队（图5-12）成立于2016年9月，2018年3月该团队荣获第四届中国 “互联网+”大学生创新创业大赛广东省分赛“青年红色筑梦之旅”赛道优秀创新创业项目奖。团队充分依托学校食品科学与工程优势学科，整合人才队伍，组建植保专家古茶树管护团队、古茶树管护团队，制定科学的茶树管护和叶采摘方案，建立“爱心茶”质量可溯源系统，实现古茶树远程监护，提高茶叶产量和质量。

图5-12　2018年9月，华南理工大学校长王迎军院士到学校大学生创新创业基地指导工作

学校与临沧和德立茶叶有限公司达成合作意向，充分利用校内、校友和社会资源，帮助“爱心茶”打开销路、拓宽市场。目前，“华南理工大学爱心茶”已量产，学校同步成立创新创业团队，并在校内开设“华南理工大学精准扶贫创新创业产品”主题展示室（图5-13），在助力云县经济增收和解决当地就业问题的同时，激励企业将销售额的30%反哺学校“扶贫专项基金”，用于与定点扶贫相关的教育、产业等帮扶工作，以及对贫困地区的捐赠等。学校以“第一届全球校友代表大会”为契机，积极推介云县产品，帮助销售“爱心茶”1000饼，价值20万元。“爱心茶”模式效果显著：“爱心茶”起步仅一年，销售增长超50%，贡献帮扶资金30万元。

图5-13　爱心茶系列产品

（二）校内开展消费扶贫

学校贯彻落实《国务院办公厅关于深入开展消费扶贫　助力打赢脱贫攻坚战的指导意见》精神和教育部关于扶贫工作部署要求，在对口帮扶的云南省云县实现脱贫摘帽后，适时调整工作思路，合力构建“华南理工+云县+社会”三力驱动的消费扶贫机制，打好防止返贫持久战。

积极探索消费扶贫新举措，多措并举，全力升级消费扶贫（图5-14、图5-15）。一是汇聚“大合力”，激发全校师生员工参与消费扶贫的积极性；二是融入“大情怀”，推动消费扶贫贴近师生思想工作；三是集聚“大优势”，拓宽帮扶地区农特产品销售渠道。例如，2019年，华南理工大学结

图5-14　华南理工大学党委书记章熙春、党委副书记刘琪瑾在帮扶贫困地区农特产品展销会上

图5-15　华南理工大学校长高松院士在中央电视台第一频道为帮扶云县做消费扶贫宣传

合全校师生员工后勤消费、工会福利以及日常办公和校友关怀等需求，开发系列消费扶贫产品，通过以购代捐等方式，发动继续教育学院、资产经营公司、经贸学院、校友会等各相关二级单位采购云县企业的茶叶、核桃、坚果、核桃油、核桃乳、手撕鸡等农特产品，价值300多万元。

第三节　云茶全产业链扶贫成效

华南理工大学为解决云县产业、教育等各领域扶贫问题，坚持八年精准扶贫攻坚战。在顺利让云县成了第一批“摘帽子”的地区的同时，华南理工大学也积累了高校扶贫的丰富经验，探索出了一条高校扶贫的新路径。

华南理工大学组织相关专家和团队对云县茶企业进行实地考察，精准把脉之后，识别了云茶产业发展中存在的资源多但难开发、产量大但加工弱、有名气缺品牌、厂家众多但竞争乏力等痛点，依托自身的学科优势，对云县茶产业链各薄弱环节进行了帮扶和补强，打造具有华南理工大学特色的“基于品牌价值提升的高校全产业链扶贫模式”。具体来讲，在茶产业链前端的招商引资环节中，华南理工大学通过整合校友资源，利用线上和线下多渠道进行积极推介，促成广东企业与云县达成合作，拉动投资数千万元。在茶产业链的加工环节，针对云县茶业人才匮乏的问题，华南理工大学为云南茶产业建立人才培养长效机制，来自轻工、食品等专业的教师团队帮助普洱茶学院对现有茶学专业中的专业方向进行了进一步的修改和完善，形成了“茶生产与管理”“茶文化与旅游”和“茶经济与贸易”三个新专业方向，使学院培养的应用型人才更好地服务于云县茶产业，解决了未来专业人才输送的问题，这也是华南理工大学扶贫先扶智的体现。

在茶产业的终端销售环节，一方面，华南理工大学发挥学校在教育、学科、人才和校友等方面的优势和资源，组建一支包括旅游规划、城市规划、新闻传播、文化设计、互联网应用、公共管理等专业的团队，为云县设计“一体化”全域策略，为云县茶产业带来“吸引人来，带走品牌”的综合效益，例如白莺山茶叶品牌通过茶文化、茶歌等项目的成功推广，一棵树的茶叶价值从20多万元提升到50多万元，茶农增收明显；另一方面，华南理工大学通过策划《淳林话品牌》专题节目，促成云县品牌联盟，联合成立华南理工—国汉文化传播联合研究中心等手段有效地提升了云县茶产品的品牌价值。此外，华南理工大学还注重产业发展“反哺”教育事业，启动“爱心茶”扶教模式，销售额的30%注入学校设立的“扶贫专项基金”，用于云县教育事业的发展。“爱心茶”扶贫项目起步仅一年，贡献帮扶资金30多万元。

在产业扶贫过程中，华南理工大学充分把握习近平总书记的产业扶贫重要思想，即“产业扶贫是最直接、最有效的办法，也是增强贫困地区造血功能、帮助群众就地就业的长远之计。要加强产业扶贫项目规划，引导和推动更多产业项目落户贫困地区。”在此过程中，学校制定和施行的诸多全产业链帮扶举措，旨在扩大品牌联盟规模，不断强化“品牌引领—产业升级—教育振兴”良性循环机制，构建扶贫链的良性循环机制；通过产业升级，多渠道、可持续汇聚教育资金，大批量培育产业发展的支撑人才，实现阻断贫困代际传递；以品牌引领这一关键机制，充分发掘并发挥高校扶贫的优势和特色，最终实现贫困地区的“造血式”振兴。

未来，华南理工大学还将继续指导云县全域旅游发展总体规划的实施，巩固脱贫攻坚的成果。通过打造大型民俗活动，如春茶博览会、春茶开采节等，借助高铁开通的春风，吸引更多游客前往云县，通过推动开展茶文化系列活动助力云县茶叶品牌的传播。华南理工大学在云县后脱贫时代、乡村振兴中继续给予造血式的帮扶，助力云县茶产业振兴发展。

第六章
云尚优品，头号特色——木瓜酒产业帮扶纪实

第一节　木瓜酒产业发展现状与困境

一、云县山水地貌酝酿独特木瓜酒

云县今属云南省临沧市，汉代属益州，唐代属南诏，明万历二十六年（1598年）改土归流称云州，民国二年（1913年）始称云县。澜沧江在云县境内蜿蜒流淌，孕育出距今四千多年的忙怀新石器文化。这里是澜沧江文明的灯塔，照亮了澜沧江绵延两千多公里的文化航道，也见证了云县先民的繁衍生息。

云县素有“云酒之乡”的美誉，主产清香型白酒、苞谷自烤酒、白花木瓜酒等，其中木瓜酒是极具特色的产品，于2008年8月获得了香港国际美酒博览会“绿色果酒金奖”。做好木瓜酒产业发展这篇文章，是云酒产业振兴新的增长点。

二、木瓜酒原料得天独厚

据史料记载，明清两朝前就有当地民间医生使用木瓜泡酒作为治疗风湿关节炎的药方，到明清两朝，白花木瓜作为药用记载就更为广泛。白花木瓜是云县特有的高原特色农产品之一，仅生长在海拔1800~2300米之间的地区，而且生产过程中不能受到任

图6-1　云酒

何工业和环境污染，是一种自然生长的生态林果。2013年国家工商总局商标局认定云县白花木瓜为中国国家地理标志性商标。党的十一届三中全会以来，白花木瓜作为云县山区农民创收的经济产品，迎来了良好的发展机遇。在历届县政府的关心重视下，白花木瓜作为特色农产品进行重点培育，特别是云南茅粮酒业集团（下称“茅粮集团”）[①]成功开发出木瓜酒后，云县白花木瓜产业得到了长足发展。截至2019年底，云县白花木瓜种植面积达94281亩，产量达65996.7吨，产值达4500万元。

三、产业链多环节制约木瓜酒产业发展

木瓜酒的原材料白花木瓜不仅具有明显的地理环境的特殊性，而且还有良好的药用价值，但是由于当地对木瓜酒的生产仍停留于人工阶段，在华南理工大学未帮扶木瓜酒产业之前，当地的木瓜酒原料处理均采用人工处理，以每天400吨为例，其需要人工近400人，产业工业自动化程度低，难以批量化生产出高品质的木瓜酒。而且口感欠佳、品牌不力、渠道缺乏，致使木瓜酒这一极具云县特色的养生佳酿一度被外界所忽视。同时上游农产品生产主体分散，规模小而散的特点也阻碍了木瓜酒产业的规模化发展。

同时，木瓜酒产业的运行与其他行业的关联不强。单纯的木瓜酒产品难以吸引到消费者的注意力，只有与云县其他特色产业融合在一起共同打造出一条多元的新兴农业产业链，才能让木瓜酒产业持续发展。

第二节　木瓜酒全产业链扶贫举措

脱贫攻坚是当前全社会的共同责任，高校是精准扶贫工作的中坚力量。在脱贫攻坚工作进程中，高等院校的高层次人才和高水平科研成果能够为脱贫攻坚提供人力保障和技术服务。然而，高校发展和改革面临新的历史机遇，带来更多发展空间的同时，也对高校教学、科研和社会服务等工作提出了更高的要求。针对云县当地白花木瓜的农产品的发展问题，华南理工大学

①2018年，茅粮集团与云南城投置业股份有限公司针对木瓜酒业务合股成立“云南司岗里生物科技股份有限公司”，后文不再说明。

实行了产业精准扶贫。

2013年以来，华南理工大学的领导以及学院的专家赶赴云县深入调研考察，为云县精准把脉，发现云县当地白花木瓜有良好的营养价值，白花木瓜制成的果酒已具备一定的生产规模，但是当地木瓜酒产业中缺乏有市场竞争力的品牌。针对云县白花木瓜这一特色农产品资源优势一直得不到发展的问题，华南理工大学实施“技术带动下的产业资源补充型”的帮扶模式，通过华南理工大学的技术支持和资源投入，让白花木瓜资源转化成产业发展的基础，最终形成特色产业。

回响·乡土音声

华南理工团队为集团提出“特色白花木瓜深加工技术集成及资源综合利用”项目，开展白花木瓜发酵果酒加工关键技术研究等，推荐使用气相色谱仪、液相色谱仪及改良的脉冲技术装备及柔性分解加工装备等设备，已在茅粮集团成立了专家工作站，专家团队带领企业技术团队一起攻克项目技术难题，加大技术创新力度，研发出更多新产品，提升了集团的产值、社会效益。

——云南茅粮集团

一、科技巩固加工环节

白花木瓜是云县的特色农产品之一，因此华南理工大学的专家团队首先瞄准了生产木瓜酒的上游产业——白花木瓜种植产业的技术提升。针对当地特色农产品白花木瓜，学校创造性指导云县茅粮集团以“公司+基地+农户”的模式在临沧市内发展种植30万亩木瓜基地。

华南理工大学不仅在白花木瓜的种植上提供了参考意见，还在白花木瓜的销售上给出建议。在销售过程中，华南理工大学团队通过技术手段为白花木瓜营养、内涵提出符合其特征的宣传策略，尤其是对产品品牌在营养方面特性的赋予，比如对白花木瓜全果的成分分析，探知其齐墩果酸含量相对其他光皮木瓜的含量均高，从而奠定了其在护肝保肝功效方面的优势；其次为提高品牌宣传的可信度，在科研过程中对其结果进行了翔实的科研记录与分析；同时，对产品销售的展现形式也提出了团队意见。

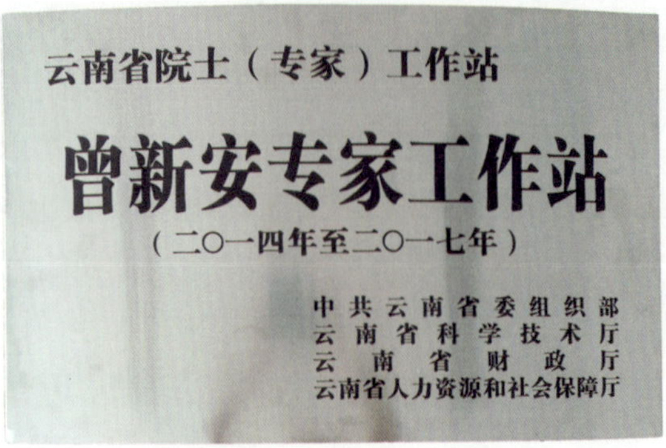

图6-2　华南理工大学食品学院曾新安教授及其团队与茅粮集团设立专家工作站

在白花木瓜酒产业帮扶上，华南理工大学发挥了其在传统优势学科食品科学与工程学院特有的技术优势，多年来一直为云县骨干企业——茅粮集团提供核心技术指导、技术人员培训、实验室设备等支持。学院专家曾新安教授长期从事食品非热加工及果酒果醋酿造研究，曾成功开发出多种型号的强电场酒类催陈装备并进行产业化应用，与茅粮集团建立了良好的合作关系。2015年，云南省委组织部、科技厅、财政厅、人力资源和社会保障厅联合授予中国茅粮酒业集团“曾新安专家工作站”（图6-2），工作站于同年8月正式挂牌。

工作站在木瓜发酵酒的技术研究与创新、新产品开发方面取得了许多喜人的成绩。合作项目主要包括“专家工作站”项目及配套的重大项目“特色白花木瓜深加工技术集成及资源综合利用”，此外还有“白花木瓜膳食纤维饮料加工关键技术研究”和“白花木瓜醋饮料加工关键技术研究”2个横向课题。基本每年会派遣科研团队常驻茅粮集团半个月至一个月进行技术交流和产品关键技术攻关（图6-3）。其间，团队对木瓜异形果硬、营养成分及特征营养成分齐墩果酸等进行了详细的对比分析，并提出了解决方案。设立

图6-3　专家组成员在为木瓜酒的品质提升建言献策

专家工作站至今，为茅粮集团带去了全链程的加工解决方案，在原料方面，团队采用了柔性智能分解技术解决了白花木瓜因果形各异且硬、人工处理慢且成本高的问题，使其可规模化加工；在加工过程中，对破碎后的白花木瓜采用高强脉冲电场技术提高其出汁率及内容物的溶出，尤其是齐墩果酸的溶出。在陈酿期间，采用中低强脉冲电场技术，改善了白花木瓜酒的酸涩难题。为企业新增销售额2000万～3000万元/年，新增利润约500万元/年，8年累计增加销售额超2亿元，累计利润近4000万元。团队多年的帮扶在当地积累了不错的口碑，尤其是与茅粮及相关企业建立了深厚的友谊和合作关系，对当地云酒同行在科技助力产品开发方面起到了积极的示范效应，提高了产品研发的意识。基于华南理工的科技帮扶，信合农业也成立了“云县特色生物产业研究中心”。

除了白花木瓜酒系列外，华南理工团队对其他种类的酒也进行了改良，如对米酒、玉米酒等的分析测试，解决了塑化剂的问题。可以说，华南理工大学在云县云酒产业上输送了优秀的人才和技术，不仅解决了云酒当前的生产技术问题，还为云酒产业今后的可持续发展提供了有力的支撑。

印象·新貌

在帮扶云酒产业之前，茅粮集团的原料处理均采用人工处理，以一天生产400吨为例，需要人工近400人，而帮扶后，引进技术装备仅需近40人。初始的云酒产品开发多依靠传统的发酵工艺，未引入提高产品品质的脉冲电场提取技术、脉冲电场陈酿技术等，帮扶后规模有明显的变化。种植面积从初始的9万亩扩展到了临沧地区的30万亩；生产线有了明显的改进，引入了脉冲电场技术及果蔬分解加工技术，使劳力明显降

茅粮集团酒厂发酵罐

低，产能提高，同时促使其生产线延长，从原来的1个系列产品衍生了近5个系列的产品，酒品附加值大幅提升。

如今从果品清洗到配料发酵，从原料输送到产品罐装均实现机械化生产，2017年，仅茅粮集团已收购白花木瓜2万多吨，可以说云酒产业逐年扩大。

二、平台延展销售环节

近年来电商助农扶贫蓬勃兴起，华南理工大学通过网站、QQ、微博、微信公众号等，依托广东商会、电子商务平台等平台，把云酒推向广东，推向全国，增加云县产品的认知度和品牌影响力（图6-4）。学校还在华南理工大学西湖苑宾馆设立云县高原特色生态产品展销摊位，积极宣传云酒产品，帮助云县进行产品推广，实现农民增收。华南理工大学践行通过“技术+企业”“电商+实体”两个合作机制为云县云酒的发展“输血”“造血”。

品牌引领云县产业向着品牌化、联盟化、集群化稳步发展。目前云酒从开发、包装到销售，已经得到较为成熟完善的市场化发展，初步形成了从资源到产品到品牌再到产业链的自我造血机制，正在走向全产业链的升级换新，有效推动了云县当地经济发展。学校开展“帮扶贫困地区农特产品展销会”将云酒引进校园。展销会受到华南理工师生员工、校友以及校外人士热

图6-4　云酒发展模式

烈支持，现场销售总额超过52万元。云酒的产业扶贫项目不仅能“活血”，为产业本身带来升级收益，更能“造血”。

三、三体联动疏通农业产业链

华南理工大学结合云县白花木瓜优势农业资源，充分利用自身学科特点，创造性地指导云县茅粮集团以“公司+基地+农户”的模式在临沧市内发展种植30万亩木瓜基地，为云酒产业的服务链发展提供了一个示范性模板。在农业全产业链中，农产品服务链发展的滞后性使得全产业链上中下游发展不均衡。华南理工大学协助建立的白花木瓜基地可以让当地的白花木瓜种植农户看到规模化农产品的生产模式，强化了农业对生产性服务的需求，也就促进了农业服务业的发展。

通过“高校+企业+农户”的合作模式，解决农业全产业链中加工链总体较短、带动能力不足的问题。华南理工大学不仅为云县云酒带来云酒酿造的改良技术，还为云酒找到了在养生功能方面的产品亮点。华南理工大学的技术帮扶提升了云酒产品的加工水平，提高了云酒产品的质量。同时，为云酒这一条农产品产业链找到了独有的养生功能特色，提高了人们的购买意愿，扩大了市场的产品需求。

第三节　木瓜酒全产业链扶贫成效

云县木瓜酒产业为当地带来了良好的经济增长和就业岗位。华南理工大学对木瓜酒产业的帮扶措施是在整合优化当地自然资源基础上，更加注重技术的可行性，实现对要素充分合理的使用，最终在木瓜酒产业中实现了经济效益、社会效益之“两大效益”的同步共赢。经华南理工大学帮扶后，木瓜酒企业引进技术装备，提高了生产效率；初始的木瓜酒产品开发多依靠传统的发酵工艺，未引入提高产品品质的脉冲电场提取技术、脉冲电场陈酿技术等，帮扶后规模有明显的变化，种植面积从初始的9万亩扩展到了临沧地区的30万亩；生产线有了明显的改进，引入了脉冲电场技术及果蔬分解加工技术，使劳力明显降低，产能提升，同时促使其生产线延长，从原来的1

图6-5　云酒制造生产线

图6-6　云南卫视《七彩飘香》节目2018-12-08期　采访茅粮集团

个系列产品衍生了近5个系列的产品，其附加值大幅提升（图6-5）。

经过多年努力，临沧市云南茅粮酒业集团以当地白花木瓜为原料，采用现代先进的发酵工艺自主研发出木瓜果酒产品，成功开发了“司岗里木瓜酒”等多个中国果酒品牌，丰富和成功拓宽了白花木瓜酒产品线，成为云县特色龙头企业，解决了当地农民的就业和收入来源问题，有力地促进了农民增收（图6-6）。

一、农业加工链延展

由于白花木瓜具有良好的食用价值，当地人很早就开始将白花木瓜酿造成酒，拓宽白花木瓜的食用方法的同时令白花木瓜酒（云酒）的药用价值大大提升。随着白花木瓜酒（云酒）的药用价值为人们所熟知，云酒开始逐渐进入果酒市场，当地酿酒企业纷纷设立云酒酿造生产线，在成立生产线初期已有不俗的销售成绩。在华南理工大学的技术扶持下，白花木瓜产量和产值逐年攀升。云县茅粮集团推广“公司+基地+农户”模式，开辟了30万亩木瓜种植基地，加速实现产品转型升级。原本不被人们所留意的白花木瓜为茅粮集团带来了上亿元产值。还带动周边贫困户脱贫致富，促进农业产业结构转型升级。

健全行业标准是龙头企业不断发展的关键环节。龙头企业要发展壮大，必须坚持以市场为导向，以效益为中心，以基地为纽带。做大做强主导产品，加强木瓜酒产品质量标准体系建设，提高农产品质量。生产绿色环保无污染的放心产品，是龙头企业获得成功的重要条件。华南理工大学对木瓜酒龙头企业进行技术帮扶以及引导其建立白花木瓜种植基地，是希望能打造出系统的、规模化的、科学的木瓜酒生产标杆型企业，在产品质量控制、农业科技创新、员工技能培训、规范化管理等方面都做出了不懈努力并总结出完整的框架。经实践证明这种模式效率高、持续性强，可以作模板范例应用推广。

二、农业服务链加强

木瓜酒产业不仅从工业方面为云县百姓带来经济效益，还为云县建设“宜居、宜游、宜文、宜业”的全域旅游示范区提供支持，努力打造“云尚优品 博览云游”的“旅游+工业”产品形象（图6–7）。云县的“云养”理念为当地的生态资源带来了不一样的生命力，云县依托深厚的古茶文化、优质的生态资源、丰富的温泉资源等，全面提升康养旅游产品开发质量，打造系列化康养旅游定制服务，创新“康养+旅游+特色产业”有机融合模式。而由于木瓜酒具有极高的营养价值，也成为当地特色生态旅游产品之一，加上现代农业产业园规划、工厂生产产区环境优化，以及产品体验店建设，可以为“康养+旅游+工业”的生态旅游发展总体规划奠定基础。可见，木瓜酒产业不仅能直接推动云县的经济发展，也能丰富云县的旅游项目，为游客带来不一样的游玩体验。

图6–7 “旅游+工业”云养产品

感悟·专家学者说

扶贫团队打造云县云茶、云县云酒等特色品牌，带动当地特产走品牌化、产业化、规模化的经营路子；为云县设计旅游标志，赋予云县旅游更多文化内涵；开展传统村落建筑改造规划工作；催生一批云县地方性节庆活动，如漫湾镇昔宜旅游文化节、栗树彝族傣族乡火把节、晓街乡彝族春米节等。在云县，我们做了很多，未来要做的更多。

——华南理工大学经济与贸易学院教授吴志才

感悟·挂职干部说

云县是沧江明珠、古道重镇、云酒之乡，云南一半的白酒来自云县的澜沧江酒业集团和茅粮集团，其最具特色的其实还是一款以“司岗里”命名的木瓜酒。“司岗里”是佤族民间流传的古老传说，意思就是从一个神秘的岩洞里出来。这款“司岗里”木瓜酒是我校曾新安教授利用专家工作站，带领多名团队成员深耕于白花木瓜精深加工和果酒酿造技术，与茅粮集团的相关技术人员攻克了一系列难题才打造出来的，产生了显著的社会经济效益，大大推动了云县食品深加工行业的转型升级。

——华南理工大学云县挂职副县长张健

三、农业利益链拓展

开展精准扶贫项目之前部分贫困村的集体收入可持续性较差，大多数村集体收入的来源是集体用地流转费用，主要类型是承包荒地及土地租赁、机井租赁，来源单一，额度低。近年来随着“高校+企业+农户”的成功实践，企业可以通过市场机制优化配置资源，使经济运行主体有充分的发展潜力，创造了经济效益，基于此，华南理工大学专家团队提出了产业园联动扶贫模式。该模式通过扶贫园区的建设能吸引更多的资金、企业、人才、技术等入驻，壮大园区规模，这种相对集中的产业布局能提高工作效率，协调联动效果更好。同时园区的发展，还可以依托股份合作模式，按照平等、自愿、互利、多赢的原则，扶贫农户以财政扶贫资金、小额扶贫贴息贷款、土地等生产要素入股云酒生产企业，采取“保底收益+ 按股分红”形式，确定股民年保底收益不低于入股金额的10%；企业年终经营纯利润超10%的部分，入股贫困户参与分红。入股群众与规模企业的有效联结，实现“1份土地挣4份钱”，即土地被流转可获得租金、扶贫资金保底收益、入股获得红金、打工获得薪金。届时将会实现乡乡有产业园区，村村有合作社，户户有产业股份，促进贫困群众持续增收。

第七章
飞出大山的“金凤凰”——云鸡产业帮扶纪实

第一节　云县山地黑肉鸡产业发展现状与困境

一、云县山地黑肉鸡产业发展背景

（一）云县山地黑肉鸡简介

云县是临沧地区的交通要道和云南省广大腹地交往的北大门，澜沧江、高山、河谷、热坝形成了特别的立体气候和自然风光，境内有大雪山、大丙山原始森林、拿戈河、温竹河、拿鱼河、河谷温泉等；还有西汉铜鼓、铜矛、元明陶器、茂兰长安桥、县城文笔塔、古老清真寺、雄伟的大武庙等文物古迹和人文景观。

云县山地黑肉鸡属肉蛋兼用型鸡种，性成熟早、皮下脂肪少、肌间脂肪分布均匀、肌肉纤维小、肉质鲜美滑嫩、抗寒耐粗饲，是云县山区群众广泛饲养的主要鸡种。其主要特征是：母鸡为毛色麻黄或黑色，公鸡毛色为红色或红黑色；骨细，三黑即皮、肉、骨黑色或乌黑色。该品种肉质细嫩，汤味鲜香浓郁，品位纯正，营养价值高，具有滋补功效，备受消费者青睐。在生长过程中自由采食天然昆虫和草料，适当投喂荞麦、玉米、豆类等原粮，生态散养。鸡肉产品达到绿色标准。以其制作出的“云县鸡肉米线”“云县手撕鸡”等享誉滇西南地区。

（二）云县山地黑肉鸡产业发展优势

1. *养殖条件优越*

云县是典型的山区农业县。95%的土地在山区，90%的人口在农村。云县的气候主要受印度洋的暖湿气流和西南季风影响，属于低纬高原亚热带季风气候和暖温带季风气候。由于地形复杂，高差悬殊，形成了显著的立体气候，有一山分四季，十里不同天之说。海拔在1300米以下的河谷地区属南亚热带气候型；海拔1300—1800米的半山区，属中亚热带气候型；海拔1800—2300米的山区，属北亚热带气候型；海拔在2300米以上的高寒山区属暖温带气候型。这样的自然环境使得云县具有丰富的林地资源、温和湿润的气候条件，群众发展养殖山地黑肉鸡的积极性较高，且形成了一定的规模。同时，云县是个山地鸡养殖大县，具备了得天独厚的生态养殖建设和发展条件，为培育山地黑肉鸡产业打下了良好的基础。

2. 黑肉鸡饮食文化传承

历史上，云县有名的黑肉鸡饮食有：鸡肉米线、柴氏手撕鸡、火腿木瓜鸡。

据考证：在明清两代时期，西南丝绸古道的支线经过澜沧江，再经过云州（云县旧称）出缅甸到达南亚国家，长达五百年间，云州商贾云集，各种小吃应运而生旧《云县志》及有关地方史料记述：“云州小吃最盛于民国六、七年间，婚丧宴客，通用八碗，米线辅之，城乡皆然”。云州民间滇西社团“玩友班”曾经把清代大理文人袁谨“云州竹枝词”改编成戏文：“云县蛮疆古大侯，卖糖依旧卖花绸，楼梯坡脚坐一坐，鸡肉米线一钵头”。对于云县人来说，鸡肉米线不是简单的一碗米线，而是云县人的生活方式，是云县人的情感寄托。外出学子，外出工作，定居他乡的云县人，提到家乡，第一想到的莫不是云县的鸡肉米线。

柴氏手撕鸡发源于云县茂兰，历史上茂兰是茶马古道南道的重要驿站，是临沧、双江、镇康、耿马、沧源等地北上大理、拉萨，东入内地各省的第一马站，而安乐塘是茂兰到神舟渡的必经之路，明清以来，安乐塘因马帮来往甚多，村民在路边做小生意，柴氏手撕鸡应该就是当时当地待客的最好食品。

至于火腿木瓜鸡，则是云县本地民族独创的一道最具特色的药膳美食，白花木瓜酸爽，云县山地黑肉鸡肉质鲜美，营养丰富，二者经过民族传统工艺合二为一。

二、云县山地黑肉鸡产业发展困境

（一）科学养殖水平低

云县地区地处横断山区腹地，是贫困人口分布广、少数民族聚集的困难地区，大部分养殖农户由于文化水平低对规范标准的规模化养殖技术接受难度大，饲养管理粗放，设施配套落后，防寒、防暑、防雨等能力差，疫病防控知识掌握不够，导致养殖成本偏高，经济效益较差。同时，肉鸡养殖合作社组织化程度低，大多数山区村民文化水平较低、小农意识严重，养殖点较为分散，抵御市场、疫病、饲料等风险能力差，不能充分发挥合作社主导产业的作用。

（二）屠宰规模小，规模效应低

云县山地黑肉鸡主要的养殖方式为合作社养殖和农户散养，受制于资金实力，肉鸡屠宰规模不大，单独屠宰卫生条件差、市场竞争力差。由于我国近年来食品安全事故频繁发生，国家对食品安全制定的相关法规如于2018年12月29日修正的《中华人民共和国食品安全法》及《中华人民共和国食品安全法实施条例》等和消费者对食品安全的要求将促使肉鸡养殖企业更加严格地控制其屠宰环节的食品安全。

屠宰点的分散进一步制约云县山地黑肉鸡产业形成规模效应，难以聚集资金建造标准化、自动化、一体化的专业屠宰厂房。

（三）产品滞销，渠道错位

在销售渠道方面，黑肉鸡仍依靠传统批发商拿货方式进行分级销售，逐级分销使得黑肉鸡的价格逐渐提高，很容易导致产品滞销，优质的肉鸡卖不好，卖不贵，这是传统农业最常见的一个痛点。因为渠道的错位，即应该直销的产品走到了分销的渠道上来，导致产品在渠道内难以体现其应有的价值，消费者不能很直观的对产品形成正确的价值认知。

（四）产品附加值低，品牌力缺失

云县山地黑肉鸡尚未形成完整产业链，目前主要通过销售鲜活产品进入市场，没有黑肉鸡深加工的龙头企业，产品附加值低，经济效益不高，无法扩大养殖规模，因此在渠道方面对经销商的议价能力较低，不能很好的体现产品价值，同时由于合作社内规模较小，且成员大多为农民缺乏专业的市场以及品牌专才，销售渠道单一，市场狭小，产品知名度不高等主客观原因都限制了山地黑肉鸡品牌的发展，从而达不到应有的经济效益，直接影响农户增收和产业增效。

第二节　山地黑肉鸡产业扶贫具体措施

图7-1　李云宏

目前，大树村是云县山地黑肉鸡产业规模最大，养殖水平最好的一个村，位于云县爱华镇东南部，全村国土面积13.8平方公里，毗邻有着滴水分两洋美誉的分水岭，辖7个村民小组。但多年以前，苦于没有启动资金和牵头人，固守传统产业模式的大树村村民们，背靠丰富林地资源却依然没能富裕起来，2013年底全村有建档立卡贫困户29户89人，贫困发生率6.3%。这样的情形村委杨书记看在眼里急在心上，不过一次偶然的契机，常年在外做工程的李云宏，被杨书记选中作为改变局面的最佳人选。

“当时村里找了我很多次，但当时对于跨行业回乡养鸡，我并不怎么看好。”说起彼时的情况，李云宏坦承地表示。李云宏在珠三角地区经营着一家装备制造厂，多年来客户资源不断积累，生意也在稳步向上，但在了解了家乡的发展现状以及在书记的不断坚持下，李云宏开始有些动摇，何况平常

回响·乡土音声

过去大树村属于山区、路不通，面临着自然退耕的难题，华南理工团队为我们带来了先进的养殖经验和技术，向我们传授了与市场和品牌有关的专业知识，帮助我们达到现在每年200万元的养殖规模，很多外出务工的村民看到大树村养鸡有前景也回来加入了合作社。从长远来看，我相信我们村在华南理工的帮扶下会越来越好，生活也有了奔头。

——大树村党支部书记杨世荣

图7-2　合作社logo

回村看到村民过得不好，自己也觉得不光彩，于是他毅然放弃在外的生意回乡搞起了山地黑肉鸡养殖。

2015年，大树村村支部杨书记通过与在珠三角创业的李云宏同志多次协商，最终于2016年1月，一家名为云县家兴林下土鸡养殖合作社的农民企业在大树村顺利成立。合作社刚成立的时候，可谓是百废待兴，大树村海拔1800多米，交通极其不便，信息相对闭塞。

为了助力云县“一县一品”山地黑肉鸡产业发展，华南理工大学挂职干部张健副县长邀请了祥云温氏畜牧有限公司、华南理工大学工商管理学院陈明教授等企业及学者，对云鸡产品开发、市场销售、品牌塑造等环节提供咨询及帮扶。

具体帮扶措施如下：

一、技术咨询，提升标准

2018年7月，祥云温氏畜牧有限公司负责人到访大树村及云县各地规模较大的山地黑肉鸡养殖基地，在经过实地调研后，提出云县黑肉鸡标准化生产是发展滇西南地区山地现代高效畜牧业的必要手段，是推广良种良法，提高黑肉鸡质量的必要基础，是实施产地认证、产品认证的重要载体。

图7-3　华南理工大学及合作企业在云县开展乡村振兴帮扶活动

目前，爱华镇大树村家兴林下养殖专业合作社兴建的第一个山地黑肉鸡种鸡养殖兼屠宰场即将建成，占地面积2000平方米，可饲养1万套种鸡，年可生产雏鸡120万羽，日屠宰量可达3000只，现已经作为优秀示范合作总社在全县开设分社，推广大树村山地黑肉鸡养殖产业经验。

图7-4 山地黑肉鸡鸡蛋经过华南理工大学食品科学与工程学院检测

云县山地黑肉鸡之所以深受消费者喜爱，主要在于个体适中、肉质好、风味佳，在品种不变的情况下，与笼养鸡的主要区别在于运动量的增加以及食物 来源和种类的不同，造成风味物质积累上的差异。同时，由于山地黑肉鸡不同于其他肉食鸡的生物特征，且因为其在纯自然放养条件下生长，其产出的蛋也颇具特色，以虫类和草药为食以保证其产蛋量。

好鸡产好蛋，为了让更多的人了解到，挂职干部联系了华南理工大学食品科学与工程学院的专业实验室，对晓街乡下村的晓夏养殖合作社生产的山地黑肉鸡绿皮蛋的营养成分进行检测，检测报告显示每100克中，蛋内的主要营养成分硒、锌、碘比普通鸡蛋高3—6倍，胆固醇含量低20%，蛋白质含

图7-5 有“身份证”的山地黑肉鸡绿壳蛋

量高12.7%，氨基酸总量达13.155克。同时还富含卵磷脂、脑磷脂、神经磷脂、高密度脂蛋白、维生素A、B、C、E以及微量元素，其中维生素E的含量比普通鸡蛋高2—3倍，并富含人体所必要的多种氨基酸。

目前，云县已完成相关商标和包装专利的申请，让山地黑肉鸡绿壳蛋正式成为有“身份证”的鸡蛋。并且已经入驻了云县天天超市，月均销售量达300盒，销售额近5000元，带动农户63户，其中47户为建档立卡户。

二、专家指导，产业升级

图7-6　云县非物质文化遗产——柴氏手撕鸡

围绕着云县山地的黑肉鸡，华南理工大学的帮扶团队对云县的特色黑肉鸡展开了全面的帮扶。比如作为云县山地黑肉鸡的代表，云县柴氏手撕鸡已有六百年文化传承，是临沧非物质文化遗产之一，柴氏手撕鸡不添加任何防腐材料，但在保证食品新鲜和保质期等方面存在技术难题，相关检测和技术设备投入需要大量资金，对此华南理工大学挂职干部邀请华南理工大学食品科学与工程学院李汴生教授来到云县指导柴氏手撕鸡的屠宰与保鲜技术，提出如下建议：1、建设日处理量1000～2000只的小型手撕鸡加工厂，取得SC许可；2、采用后杀菌技术提高产品的保质期和安全性，使产品可在冷藏条件下保存一周或以上；3、在保持传统手撕鸡产品口感和风味特点的基础上，对手撕鸡的加工工艺进行调整，使之更符合现代食品加工特点的要求。这样，就会使产业技术与传统养殖有机结合，提升产品附加值，为云县山地黑肉鸡区域品牌赋能，解决山地黑肉鸡养殖及产品开发的技术风险和市场风险。

为了更好地推广云县山地黑肉鸡及柴氏手撕鸡，华南理工大学组织了帮扶贫困地区农特产品展销会，此次展销活动从6月30日到7月2日有3天时间，柴氏手撕鸡第一场只带了50只现货前来，“没想到,仅10分钟就被秒光了。”负责人笑道，“已经马上让人从云县紧急调货过来了。”最终整个展销会卖了300多只，销售额达到5万多。退休老教授黄老师和老伴因为来得早买到一只，“虽然188元一只并不便宜,但试吃口感不错又是帮扶产品,我们是一定要支持的。”

图7-7 陈明教授进行专题座谈

同时，云县还邀请了品牌专家华南理工大学工商管理学院陈明教授，为云县品牌联盟和青年创业协会企业30多名负责人就农业品牌培育进行专题座谈会。为云县山地黑肉鸡产业的品牌发展指明出路。

三、品牌战略，打响特色

为了响应"一县一品""一镇一业"的产业发展方向，同时针对云县山地黑肉鸡产业升级的迫切需要，华南理工大学工商管理学院品牌专家陈明教授及团队从大树村山地黑肉鸡资源利用情况、现有不足、未来定位与规划等多个维度出发，针对第三产业发展提出山地黑肉鸡应该建立自有渠道、辅以社区团购的直销模式打开市场。同时，在品牌定位及打造方面，合作社需要做大做强来促进产业升级，从而实现产业发展的良性循环。于是，华南理工大学团队在其现有产业基础上，为其梳理产业发展链条、形成战略规划。促成合作社与温鲜生签订战略合作协议，通过"温鲜生云南·云县品牌生活馆"的社区连锁店以及社区团购直销模式打通山地黑肉鸡渠道、塑造品牌。

图7-8 华南理工大学品牌专家陈明教授一行促成温鲜生与合作社的战略合作

云南·云县品牌生

活馆是一个融合当地特色风土人情和人文习俗，体现当地别具一格文化的生活体验馆。与此同时，它也是云县优质产品与品牌的体验馆，馆内所陈设、所展示的物品以及食品大部分来自于云县，如云鸡、茅粮云酒、国汉云茶等。顾客在这里能够通过现场品尝云鸡米线的方式，了解具有浓郁的云县地方特色、独具匠心的优质产品与品牌。同时，云南·云县品牌生活馆将联动温鲜生门店、各地品牌生活馆、温鲜生线上优选商城，进行相应特色农产品的展示和销售，实现云南·云县品牌生活馆以点成面的省外辐射，助力云县特色文化和产品的对外输出和发展。

图7-9　云南·云县品牌生活馆（设计稿）

在公共品牌建设方面，华南理工大学工商管理学院品牌专家陈明教授建议把区域公用品牌作为培育“一县一品”的重要支撑点，实施品牌战略，吸取云县文化精髓和引入现代特色要素，借助新生活体验的概念，整合多方资源共同塑造区域品牌，不断吸纳和整合云县内优质产品与品牌，借助“云南·云县品牌生活馆”这个区域大品牌将云县优质产品与品牌推向市场，与“云县火腿木瓜鸡”“云县鸡肉米线”“云县手撕鸡”等终端消费品牌结合，把原料品牌与消费品牌紧密结合起来，积极申报具有鲜明地域特色的“云县山地黑肉鸡”品牌。

图7-10　黑肉鸡产业品牌包装

图7-11　大厨现场烹饪云鸡

图7-12 "让爸爸回家"团队助力云县

2020年9月13日，为了打响云鸡品牌的知名度，华南理工大学工商管理学院陈明教授带领"让爸爸回家"创业团队在温鲜生佛山南海风度花园店举办了首次云县产品专场活动。本次活动邀请大厨烹饪云县手撕鸡及云鸡米线，云鸡肉质细嫩、清香可口，营养价值较高，吸引不少消费者驻足品尝并进店选购，当天实现云鸡订货量50多只，同时也带动了不少云县特色农产品的销售。

此次活动的成功举办，使得社区生鲜零售连锁店"温鲜生"有意向一次性签下6千只的销售订单，并承诺专门设计包装，用于社区团购的礼品市场；同时，正谋划开发一个全新的半成品品牌，连同云南的米线，做成云鸡米线半成品方便菜套装，借助即将开设的"云县品牌生活馆"，进驻粤港澳大湾区150家"温鲜生"的社区门店进行销售，一年的销量预计能达到1000万。

感悟·专家学者说

温鲜生品牌生活馆是品牌农业发展的根据地，既让农民生产的优质农产品有了渠道入口，又让更多消费者尝到好品味的农鲜产品，特别是云县的山地黑肉鸡。更重要的是以品牌承诺为引擎，促进农产品产业链各环节的价值提升；吸引包括外出务工人员、退伍军人、个体工商户、专家学者、企业家、投资者等各类人才回流到各生产环节，共同实现农民脱贫致富、农村产业兴旺、农业高质量发展的目标。

——华南理工大学工商管理学院教授陈明

第三节　云县山地黑肉鸡全产业扶贫成效

图7-13　合作社不断发展壮大

云县山地黑肉鸡产业逐步发展壮大，目前，云县“一县一品”山地黑肉鸡养殖项目已在爱华镇大树村建成年出栏120万羽的种鸡场1个，正在建设种鸡场1个，发展养殖户522户，帮扶带动农户367户，其中，贫困户346户，非贫困户21户；云县依托大树村的合作社成立了合作总社，全县设立合作分社的形式进行山地黑肉鸡的养殖，按照规模化、标准化、集约化的山地黑肉鸡发展思路，完成“企业+合作联社+分社+基地+农户”的产业发展模式创建，目前全县已有1个县级养鸡专业合作联社；建立了12个乡镇养鸡专业合作分社，1万多户农户参与。全县山地鸡养殖户近7.8万户，其中建档立卡贫困户约1万户。山地鸡产值为全县居民人均可支配收入贡献达781.9元，带动580户贫困户脱贫。

图7-14　合作社员喜迎丰收

印象·新貌

在云县爱华镇大树村上村组郁郁葱葱的茶地里，村民李宗福和老伴正在查看饲养的鸡苗存活情况，虽然略显黝黑的脸上挂满了汗水，但他的目光中却是掩盖不住的喜悦。“去年我家年出栏2000羽成品鸡，按每羽15元左右的利润计算，光是养鸡一项，我们老两口一年就有了3万元左右的纯收入。”

65岁的李宗福，在村里是出了名的“爱折腾”，除了土鸡的售卖，他和老伴还忙活着茶叶、核桃、生猪等种植和养殖。说起近年来生活的变化，他乐得合不拢嘴，每年将近6万元的纯收入，让李宗福一家建起了新房，还添置了制茶设备，发展产业的信心更强了。

绿色掩映的新房和厂区

图7-17　云县鸡肉米线走进华南理工大学师生食堂

目前，以云县山地黑肉鸡为原料的“手撕鸡”既是云县大大小小餐馆的主打菜，也在昆明、大理等地“安家落户”，同时以山地黑肉鸡为原料的云县鸡肉米线也进入了华南理工大学的师生食堂，日销售额上万元，成为高校食堂一道亮丽的风景线。同时，计划借助高校的平台，推广到其他的高校和事业单位的食堂，实现特供渠道的销售。

另外，云鸡产品入驻了专业高校扶贫产销平台—E帮扶，仅“柴氏手撕鸡”一个单品上架当天就卖出52只，成为爆品。

图7-14　云鸡入驻专业高校扶贫产销平台——E帮扶

第八章
家在哪里，事业就在哪里——云县电商第一人帮扶纪实

第一节　云县农产品销售现状与困境

“云县贫困山区有着良好的自然生态环境，产品多为原生态农业产品，但农户分散种植养殖，力量微薄，在市场上没有话语权，很难对抗市场风险。”云县农产品要走出大山，不仅要求产品本身的质量好，也要求产品有好的销售渠道。

一、云县农产品销售现状

（一）独特的地理环境孕育丰富且优质的农产品

云南云县虽然到处都是山，但也是一个神奇的地方，这里有漫山遍野的野生中药材，它不仅是全国最大的龙胆草种植基地，也是全国出产黄精品质最好的产区。除此之外，云县还有满山的古树茶叶、咖啡树、蜂蜜等自然资源（图8-1、图8-2）。

图8-1　深山野生土蜂蜜

图8-2　满山的古树茶叶

得益于独特的地形条件和气候因素，云县具有十分丰富的中药材和农产品，包括酸木瓜、龙胆草、黄精等。

（二）农产品生产停留在第一产业，附加值极低

云县虽然有丰富的农产品，然而其自然资源的优势并没有被发挥出来，产业发展仍然以第一产业为主，向第二产业和第三产业延伸的较少，许多农产品未经加工或粗加工就销向市场，缺少精深加工。

云县的农户大多分散种植农产品，中药材等部分产品也是农户自己在山上搜集而来。云县农户种植或收集来的农产品甚至还带着泥土，就被拿到批发市场或摆放在道路边以低价销售，农产品或中药材的价值得不到体现。

二、云县农产品销售困境

（一）农户分散种植，没有议价权

由于分散经营、各自为战，没有形成规模，云县专业合作社及种植农户没有议价权和话语权，不仅在产品销售过程中常常被收购商压价，在一些农产品丰收的季节还时常遭遇滞销的尴尬局面，产业发展时起时落。

云县的中药材和农产品的销售主要是经销商到农户种植生产的田间地头收购，经销商瞅准农户们分散交易、不了解行情的弱点，不断压低产品销售价格，使得农户的收益非常薄。

（二）生产易受环境影响，农户抵御风险能力差

农业“靠天吃饭”的特点在一定程度上会影响乡村经济的发展，环境带来的不确定性让农户的种植生产过程中面临较大的风险。许多农户把可用资金几乎全部压在农业生产上，一旦出现极端恶劣天气，不仅辛苦一年的成果打水漂，为购买农业生产材料投入的资金也难以收回。因此，对于本就不富裕的云县农户而言，农业生产风险过大，且农户抵御风险的能力相对较弱。

（三）产品加工层级浅，形式粗放，无品牌溢价

云县农产品种类丰富，品质优良，但是附加值低。许多云县农产品的生产者和销售者缺乏品牌意识，农产品收获之后几乎不进行加工，就直接将带着泥土的农产品拿到农贸批发市场以极低的价格卖出。从当前云县农产品发展的情况来看，由于采后处理、分级包装、质量检测、交通物流等综合服务能力的不足，加上农户小规模分散经营，农产品的价格不仅较低，并且不太稳定。初级的农产品、粗放的销售模式，使得云县的农产品价值不仅没有凸显，反而有所减损，品牌溢价更是无从谈起。

（四）农户受教育程度低，市场信息不对称

云县农村劳动力受教育程度普遍低下，从事种植业的劳动力主要是老年人和没有专长的所谓“老实人”以及妇女或儿童，即使是青壮劳力，其教育水平同样偏低。在这样的农村劳动力人口背景下，云县农产品的销售面临着十分严峻的考验。由于缺乏信息收集的平台和工具，以及准确辨别市场信息的能力，云县当地的农户在面对信息纷杂的市场时容易被误导，农产品批发商压价进货，使得利润本就不高的云县农产品处境更加艰难。

筹画

目标是千家万户都脱贫。造血还在继续，我们还号召华工的校友到对口帮扶地区去办企业，把当地的资源优势、生态优势和华工人的技术优势结合起来，进一步开发各种产品，帮助云县和孔美村脱贫致富。

——华南理工大学党委书记章熙春

感悟·挂职干部说

云县自古是茶马古道，是南来北往客商云集的交通要道。但随着社会的发展，特别是交通条件的制约，云县优质的农产品如何才能走出大山成为一个难题，而电商则成为云品出滇的重要途径。近年来，学校致力于通过线上线下结合的方式开展消费扶贫，并取得了一些成效，其中一部分是通过电商平台实现的，如“e帮扶”“助农联盟”“温鲜生”等。但技术人员、产品特点、交通条件以及思想观念等方面的原因，始终制约着云县电商的快速发展。随着云县高速公路和铁路的开通，以及临沧可持续发展议程创新示范区的建设，我想云县的电子商务一定会快速发展，推动云县跨越式发展。

——华南理工大学云县挂职副县长张健

第二节　心系家园，回乡创业——IT精英的家乡情结

2013年，土生土长的云县人何凤春放弃了城市里的高薪职位，回到家乡创业，成为云县电商第一人。

何凤春，1986年5月出生于云南云县一个普通的农村家庭。“我从没到过比我们县城更远的地方，对出远门脑海里没有一点概念，以至于高中毕业拿到大学录取通知书后，一个人懵懵懂懂，穿着大短裤和凉拖鞋，扛起一麻袋被子行李，就撞进了大学校园。到了大学才知道什么是北方，什么是下雪，什么是羽绒服和暖气，什么是家乡和他乡的距离。”何凤春从穷困的家乡来到了大都市，对于眼前的繁荣他内心有点惆怅。

和许多考上大学的农村孩子一样，何凤春大学毕业后，就留在了大城市工作。然而，正如他所说的“也许是家的情结，每次坐车行经从农村老家开往省城的陡峭盘山路时，仿佛听到耳边有人在呼唤他回家”，每次过春节回老家的日子，他总是会有很多说不出来的感觉，特别是每次从家里返回北京的路上，长途汽车翻过一座座大山，他看着车窗外的一切，不禁心生感触：“这么好的山山水水，这么好的家乡产品，为什么守着它们的勤劳的乡亲们

图8-3 何凤春（右四）与酒房村农户合影

的生活还是那么贫穷落后？”

终于，在2013年，何凤春遵循内心的呼唤，做出了人生中最重要的一个选择——从北京辞去工作了近5年的IT程序员职位，回到被外界称之为“穷乡僻壤”的家乡（图8-3）。

一、云县电商第一人

回到家乡后，何凤春考察过多个行业，例如建材、热水器，但这些似乎都没有让他感觉“非做不可”。偶然的一个机会，他看到了一篇关于食品和中药材的安全问题的报道，得知现在很多食品和中药材存在掺假使坏的现象。

在何凤春看来，云南大山中那些淳朴的乡亲们，从自家地里和林间找来的农产品和中药材，质量不会存在假冒伪劣的问题。但是，乡亲们的农产品和中药材的半成品加工缺失，销向市场的都是未经加工的初级农产品，乡亲们很难赚取到较高的利润。除此之外，这些农产品和中药材的流通环节也有问题，乡亲们辛辛苦苦种植的农产品因为量少、粗放而被商贩低价收购，再被不良商贩掺假后流入市场。

如何解决这个问题呢？何凤春认为，自己本身就是学习计算机的，不妨借助当下最流行的互联网技术，搭建可溯源的产品平台，对农产品和中药材流通的每一个环节都进行监控，这样顾客就可以放心地购买大山里的农产品了。有这个想法之后，他十分激动，下定决心要基于互联网技术，做真正纯天然绿色农产品和放心中药材。

经过半年多的准备，何凤春正式开始了自己的创业旅程，并注册了云县信合农业发展有限公司，在云南省临沧市云县爱华镇河湾吊树根村成立了当地的合作社。何凤春成立的这家公司是一家集中药材种植、加工、销售与特色农产品购销为一体的现代农业综合开发公司。何凤春是第一个回家乡在农产品和中药材领域创业的当地大学生，他充分运用了在北京学到的互联网技术，搭建起了公司网站、淘宝店铺和微信小店（图8-4）。

随着对外销售平台的建立，公司的订单慢慢多了起来。公司从农户手中以高于市场收购价的价格收购农产品和中药材，并在电商平台上集中销售。相比之前农户分散销售，何凤春带领的合作社，让农户们的农产品和中药材销售价格得到大大提升。

在落实和推进“万企帮万村”精准扶贫行动的总体部署中，何凤春带领的信合农业主动与大寨镇慢赖村和漫湾镇草子地村两个建档立卡贫困村分别签订了帮扶协议，并积极组织做好帮扶村的产业扶贫工作。

“我更加感受到，只有紧紧地和农村农民联系在一起，帮助他们解决他们自己不擅长的事情，我们才能找到一条适合我们企业长足发展之路。”何凤春说，“我们坚持‘为山区农民寻销路，为城市客户送健康’的理念，还将在云南农村产业发展中不断探索和实践。”

图8-4 何凤春在漫湾镇酒房村与农户召开合作年会

二、建设“云县特色生物产业研究中心”

2013年，华南理工大学开始定点帮扶云县。作为全国592个国家扶贫开发重点县之一，云县具有丰富的农业资源，然而依旧十分穷困。华南理工大学积极发挥学校在学科、人才、科技和校友等方面的资源优势，组建了多学科的专家团队深入调研、专题研讨，并扎实开展精准扶贫精准脱贫工作，取得了丰硕成果（图8-5、图8-6）。

在华南理工大学的帮助和引导下，何凤春带领的信合农业建立了“云县特色生物产业研究中心”，为当地的中药材和农产品生产及加工升级提供技术支持；同时，华南理工大学食品科学与工程学院苏健裕教授担任了研究中心的长期技术顾问。

图8-5　华南理工大学原副校长党志（左二）一行领导到信合农业公司调研

在调研考察的过程中，华南理工大学的专家团队发现，云县除了中药材之外，当地农户还种植咖啡豆，但是农户们基本上都卖不出咖啡豆，少量咖啡豆用于自己品尝及赠送亲朋好友，其余的都闲置着任其自生自灭。在这样的情况下，华南理工大学轻工科学与工程学院陈荣高级工程师与信合农业合作成立了云南幸福咖啡有限公司，希望通过“幸福咖啡”平台，打造出人们喜爱饮用的咖啡产品，为云县当地的咖啡产业找到合适的升级方式，从而增加当地农户的销售收入。

图8-6　华南理工大学相关专家教授到信合农业考察

三、开拓云县米线销售新渠道

云县农特产品资源丰富，能不能在这上面做点文章？2019年，为了更好地开展消费扶贫，挖掘学校饭堂的消费资源，在华南理工大学的支持下，学校后勤处与云县相关企业达成协议，在华南理工大学五山校区东区饭堂一楼、北区二饭堂一楼，以及大学城校区第一学生饭堂的一楼开设“云南米线”专窗。专窗使用的米线全部由何凤春带领的信合农业提供。云县米线搭配云县山地黑肉鸡，光滑均匀的米线在鲜亮的汤汁中光彩动人，加上8～14元一大碗的实惠价格，让人垂涎欲滴，欲罢不能。因此，每到饭点，华南理工大学学生食堂的云南米线窗口前总会排起长龙，鸡肉米线、牛腩米线等常常供不应求（图8-7、图8-8）。

由于学校每日需要供应大量的早餐、午餐及晚餐，因此学校每年的米线采购量都十分可观。除开设米线专窗外，华南理工还计划借助社会资本的力量，走“高校牵头+社会参与”的路子，在广州开设连锁店，让云县鸡肉米线走上产业化、品牌化之路。希望以此带动云县的劳动力培训以及米线制造业和养殖业的发展，推动劳动力的就业和转移，把一根小小的米线做成产业发展的大文章。

除了云县米线之外，2019年6月30日—7月2日，华南理工在校内举办一场“华南理工大学帮扶贫困地区农特产品展销会”，为云县当地的多种农特产品拓宽了渠道，仅3天时间，云县企业在“农特产品展销会”上就销售

图8-7　华南理工大学食堂的云县米线

图8-8 华南理工大学食堂的云县米线广受欢迎

了60余万元的农产品。信合农业公司旗下特色产品——云县野生土蜂蜜、滇黄精茶、野生黄精片、澳洲坚果、云县酸木瓜、滇红茶、葛根粉、薄皮大核桃、野生干蕨菜、干米线等，都在此次展销会上亮相，获得了较好的收益。

“正是华南理工大学的倾情帮扶，使得云县农特产品‘走出大山’的步伐得以加速。”何凤春在公司发展以及“云县农产品”走出大山后，不忘华南理工的帮扶，也时刻不忘自己“帮助家乡人民”脱贫致富的初衷，“我们公司会将销售的收入分一部分给挂钩的贫困村作为村集体经济收入。”

四、创建“阿寿哥”自有品牌

何凤春开启云县的电商创业项目之后，帮助农户提升了中药材和农产品的销售收入。然而他并不满足于这点成绩，他认为目前自己做的只限于对接买卖家，赚取中间的信息差价，难以获得核心竞争力。虽然产品质量比外面的好，但价格却卖不上去，价值根本体现不出来。

何凤春思前想后，认为“只有创建自己的品牌，才能真正实现农产品的附加值，让农户有更高的收益，过更好的生活！”

于是，何凤春决定做属于自己的品牌——阿寿哥，专门用于开发高品质的绿色农产品和放心中药材！2014年12月信合农业通过网上注册了“阿寿哥”商标。信合农业通过将山区农户优质的农特产品进行精选包装，挖掘产品故事，以“阿寿哥”的品牌对外进行产品推介，慢慢的，产品销量增加了，“阿寿哥”这个品牌也有了名气。

何凤春深知品牌的重要性，他知道华南理工有众多的专家教授，他们能够帮助自己在“阿寿哥”的品牌培育过程中快速提升，于是他利用“云县特色生物产业研究中心”的平台，主动与华南理工大学的专家学者联系。在这个过程中，华南理工大学多位专家多次到信合农业考察调研，为“阿寿哥”的品牌建设发展提出了许多宝贵的意见。

在何凤春的带领下，合作社还积极主动参加全国各种优质农特产品产销对接活动，如“临沧号文化列车上北京”“云南创意文化博览会”等各种展览宣传活动（图8-9、图8-10）。通过参加展销会等方式，“阿寿哥”的品牌慢慢打响了，而云县的优质农产品也跟着走出了大山，到了更多人的餐桌上。

图8-9 “阿寿哥”系列扶贫产品在上海参展

图8-10 “阿寿哥”系列产品参展云南创意文化博览会

“慢慢的，产品受到社会各界的广泛关注和认可，‘阿寿哥’品牌也逐渐成为云县优质农特产品对外宣传的一张新名片。”何凤春脸上洋溢着喜悦，掩饰不住欣喜地说道，“‘阿寿哥’这个品牌才刚刚起步，未来还有很多的事情要做，前方道路肯定艰险重重，但是我看到身边有这么多人支持我创业，支持我做品牌，我就感觉充满了能量！”

回响·乡土音声

我们在中药材产业注入上，无偿为中药材种植农户提供种子种苗和专用有机肥，并在中药材收购中，对农户种植的中药材以高于市场价格进行收购。对于一些不是我们经营的农产品，我们也帮助他们进行相关的网络宣传和推介，以吸引外地客商过来收购，以此助推农户增收。通过我们的参与，为结对帮扶村解决了好资源变不了好产品、好产品卖不到好价钱的难题，为山区农民脱贫致富奠定了可持续发展的产业基础，使中药材产业链成了村民们的“致富链”。通过中药材产业注入，使贫困村的自我发展能力和脱贫造血功能增强，实现贫困户稳定增收脱贫。

——云县信合农业创始人何凤春

第三节　“让爸爸回家”：对接帮扶促流通

云县具有独特的地理优势，农业资源丰富，产品质量优秀，可为什么还是卖不掉、卖不贵呢？这是何凤春在创业之前就苦思冥想的问题。

从2013年创业至今，何凤春不断探索和实践，为云县的农产品销售开拓了大量渠道，也逐步建立自有品牌“阿寿哥”，然而他总觉得“还可以做得更好一些”。

“虽然现在有订单了，但渠道还是不够广，并且公司还没有自己的电商平台，都是借助其他电商平台销售产品，缺乏自主销售的能力，价格也没有竞争力。”想到这里，何凤春感到有些苦恼。

恰在此时，华南理工大学在当地挂职的张健副县长向何凤春推介了华南理工大学工商管理学院陈明教授以及他所指导的大农品盛“让爸爸回家”公益创业团队。张健副县长认为，“让爸爸回家”公益活动所提倡的“人才回流”与“发展品牌农业”理念与信合农业长期以来坚持的“为山区农民寻销路，为城市客户送健康”的发展理念高度吻合；另外，信合农业所构建的“互联网+农业4.0大数据服务平台”新型服务体系，与“让农村生产者与城市消费者互利共赢”的高校产销对接的帮扶思路高度一致（图8-11）。

有了张健副县长的引荐，当陈明教授带队来到信合农业洽谈合作时，何凤春与陈明教授二人一拍即合，信合农业迅速与随行的“温鲜生”社区零售渠道商签订了渠道战略合作协议以及农产品的购销合同（图8-12）。

图8-11　华南理工大学陈明教授与“让爸爸回家”团队负责人考察“信合”合作社

图8-12　何凤春与广州“温鲜生”社区零售连锁店的李镜聪总经理签订购销协议

“让爸爸回家”公益助农帮扶活动是在2018年10月由华南理工大学工商管理学院市场营销系党支部、华南理工大学大农品盛学生创业团队、广东营销学会乡村品牌振兴专业委员会一起，联合中央电视台《品牌责任》栏目以及温氏集团、海大集团、江苏立华集团及网易等企业发起的，其愿景是“发展品牌农业，助力乡村振兴”，使命是“让老百姓吃上放心健康的品牌食品，让农民因发展品牌农业而脱贫致富”，并提出了“家在哪里，事业就在哪里”的口号（图8-13、图8-14）。

图8-13　“让爸爸回家”公益助农帮扶活动介绍

图8-14　华南理工大学校长高松、副校长李正与“让爸爸回家”团队成员在云县合影

“让爸爸回家”项目旨在通过整合社会资源，优化资源配置，为在外务工且想回乡创业的农民工以及立志扎根乡村、践行振兴乡村经济的有志之士搭建创业或就业的平台，充分挖掘乡村资源，打通乡村一、二、三产业，整合社会优质的创业项目和调动社会资本，共同推动产业兴农和品牌强农事业，以达到根本性解决农村留守儿童、空巢老人等社会问题，让乡村因人口回流而焕发活力的目的。

项目名称中所指的“爸爸”并不局限于普通理解的外出务工青壮年男性，还包含拥有专业知识的助农人才，以及一切能促进农业发展的企业与社会资源。

“让爸爸回家”项目团队深知，实现乡村产业振兴，帮助我国农民实现致富梦想，光吸引人才回流是远远不够的。正如国家政策号召那样，发展高品质农业，就要实现农业“三化”——产业化、工业化以及品牌化。品牌强农离不开一、二、三产业的打通，要想让我国的农产品在市场上享有更高的溢价和更大的市场份额，就必须通过品牌承诺来拉动整个产业链的提升。

为此，项目团队设计了由两条主线构成的运营模式。一条是通过塑造品牌承诺，以品牌为引擎，来促进农产品产业链各环节的价值提升。在种养环节提品质，在加工环节增品种，在营销环节创品牌。另一条主线是针对农业人才缺乏，农村劳力流失的问题，呼吁人才，包括在外务工人员、个体户经营户、专家、投资者、企业家等等，回流到农业生产各环节。双线并行，整合资源，来实现农民脱贫致富，农村产业兴旺，农业高质量发展。

截至2019年底，项目惠及农户4611户，年均每户增收7.6万元，帮助1768位空巢老人和1183名留守儿童圆满了家庭。

“温鲜生”是我国最大的农业龙头企业之一的温氏集团授权经营的社区生鲜连锁经营品牌，作为广大家庭“菜篮子”守护人之一，正在坚持不懈地推动乡村振兴。“温鲜生”立足于自身品牌及平台综合优势，一方面，在各地设立“让爸爸回家乡振品牌生活馆”，对地方的优质产品以及“爸爸”回家创业生产的合格产品进行全方位的品牌包装，并通过社区团购、直播带货的方式进行市场销售，增加“爸爸”们返乡创业/就业机会，保证了这些回家“爸爸”的稳定收入；另一方面，城市的“爸爸”投资开设“温鲜生”品牌连锁门店，为全国各地的特色农产品及其品牌提供培育体验和销售的平台，通过食材定制、直采直供等方式帮助打开市场，让更多人品尝到美味新鲜的优质食品，让家庭每一天都是幸福美满的生活（图8-15）！

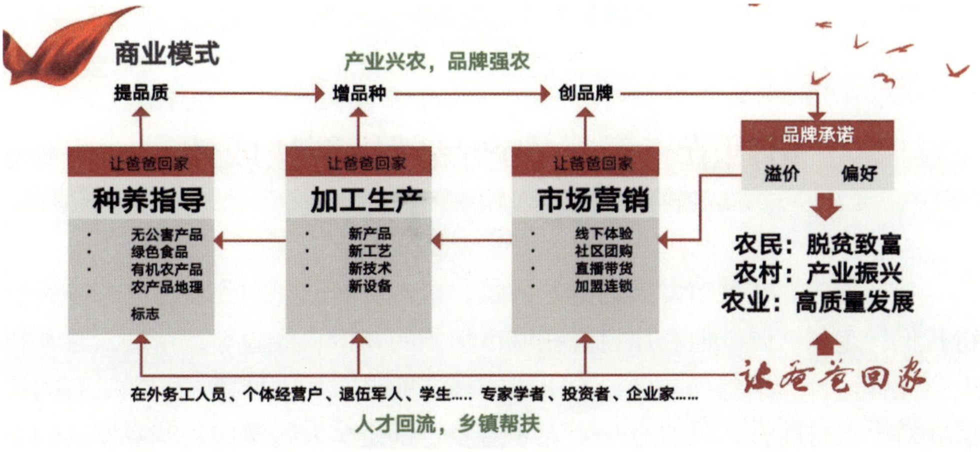

图8-15 “让爸爸回家”公益助农帮扶模式

目前，“温鲜生”已在粤港澳大湾区的城市里开设了150多家社区生鲜连锁店，拥有1000多的社区团长和10万+的社区客户，经营的特色农产品和品牌产品达500个存货单位（SKU）（图8-16）。

图8-16 “温鲜生”与“让爸爸回家”联合开设的“乡振品牌生活馆”

感悟·专家学者说

当前我国农业供给与市场需求存在着较为严重的矛盾，消费者想要质量安全能够得到保证的优质农产品，然而当前我国农村“小散乱”的产业经营局面无法满足这样的需求。没有品牌溢价，不能有效打通一、二、三产业，优质的农产品的价值就得不到体现，农民安心做产业的信心也就不足，最终导致产业发展受到严重制约。

因此，造成农村大量青壮劳动力流失的根源是农产品卖不掉、卖不贵。农民收入达不到预期，选择外出务工，继而引发留守儿童、空巢老人、土地资源荒废等一系列问题。提升农产品的品牌力，实现品牌溢价与偏好，是解决好产品贱卖、人员外流问题的关键着力点。

——华南理工大学市场营销系教授陈明

第四节　云县农产品销售帮扶成效

何凤春放弃在城市发展的大好前景，毅然决然选择回到自己的家乡，值得我们肯定和钦佩。他利用自己在城市学到的知识、经验等，帮助云县开拓电商业务，打开销售局面，让大山里的瑰宝能够去到大城市，实现应有的价值。对于农村而言，只要有一个人才返乡，都是莫大的希望。城乡发展的不平衡，对于城市而言，增加一个人，城市所增加的效益并不显著；但是对于农村而言，增加一个人才，农村的发展可能就会迈出一大步。乡村的发展太需要人才了！

“为山区农民寻销路，为城市客户送健康”，回乡后的何凤春不断发光发热，实现自身价值的同时，也带动家乡农民脱贫致富。目前，何凤春建立的信合农业官网上销售的农产品和中药材丰富多样。其中大宗中药材和农产品供应有近五十个品种，而何凤春创建的“阿寿哥”品牌，旗下云县特色产品也较为丰富，从黄精茶、云南古树茶，到葛根粉、云县米粉、手工红糖，无不体现着何凤春这些年为云县农业发展倾注的心力。

自何凤春2013年成立云县信合农业发展有限公司以来，公司始终坚持“为山区农民寻销路，为城市客户送健康”的发展理念，通过构建“互联网+农业4.0大数据服务平台”新型服务体系，让农村生产者与城市消费者进行产销对接。

目前公司有共建中药材种植基地3万多亩，共建古茶园300亩，共建养蜂基地100多个。公司下设“云县阿寿哥中药材种植专业合作社”“云县绿酒房茶叶种植专业合作社”“云县新邦别土蜂养殖专业合作社”3个农民专业合作社，社员共计450人，辐射带动周边农户5000多户，21000多人，其中：建档立卡贫困户605户，2212余人。

信合农业采用“公司+合作社+基地+农户+互联网”的产业发展新模式，带领山区农民大力发展以滇龙胆、滇黄精为主的云南地道中药材规模化种植。截至2019年6月，已累计为云南省临沧、丽江、楚雄、红河、保山、普洱、大理等州（市）部分地区推广种植中药材35万多亩，受益农民25万多人，累计带动种植销售中药材产值达数亿元。

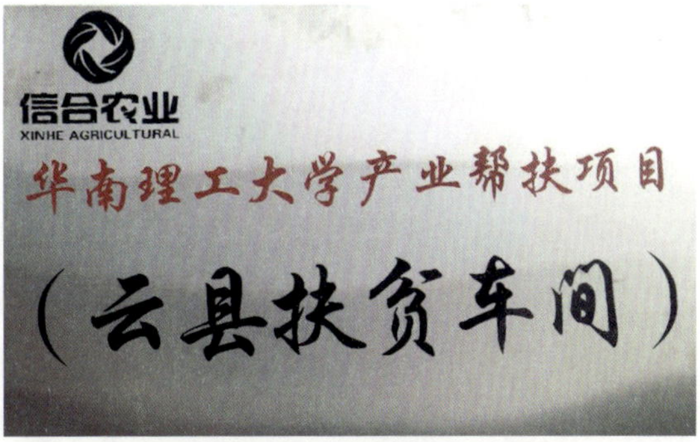

图8-17 “云县扶贫车间”牌匾

截至2019年底，在大寨镇慢赖村，何凤春带领的信合农业通过收购滇龙胆草、滇黄精、滇重楼、蕨根、蕨菜干、野生蜂蜜、泡核桃等农特产品和中药材，帮助村民增收450万元，人均增收1900元；在漫湾镇草子地村，信合农业积极向外对接客商、拓展销路，帮助村民销售茶叶、核桃、坚果、蕨菜和各种野生中药材，实现销售额310万元，人均增收1700元。为帮助云县更多的贫困户对接销售农产品和中药材，信合农业还专门建设了“云县扶贫车间”（图8-17），对贫困户的中药材和农产品以高于市场价格进行收购。

目前信合农业获评为“云南省农业产业化重点龙头企业”“云南省科技型中小企业”“临沧市社会扶贫模范”“临沧市农产品电子商务示范企业”以及全国电子商务进农村综合示范项目——云县农特产品供应链管理中心，未来将更大范围地带动区域农特产品对外销售。

乡村的发展离不开人，因此，我们期盼，中国的乡村有越来越多像何凤春一样的人才回到家乡，建设家乡！让我们的乡村因为人才回流而焕发无限生机！

筹画

华南理工大学与云县结对定点帮扶以来，发挥学校在学科、人才、科技和校友等方面的资源和优势，组建了多学科的专家深入调研、专题研讨，举全校之力为云县构建“扶贫链”造血机制，打造具有华南理工特色的“精准扶贫精准脱贫”之路，取得丰硕成果。接下来，华工将持续精准对接乡村振兴战略，深化落实“1510”一体化全域发展策略，始终如一地做好对云县的各项帮扶工作。

——华南理工大学校长高松

产业扶贫是最直接、最有效的办法，也是增强贫困地区造血功能、帮助群众就地就业的长远之计。要加强产业扶贫项目规划，引导和推动更多产业项目落户贫困地区。

——2018年10月23日，习近平总书记在广东考察时的讲话

下篇

启示

第九章 高校全产业链扶贫模式

发展产业是实现脱贫的根本之策，关键是要形成稳固的扶贫产业链。农村资源的开发及产业的发展需要以经营主体为载体，统筹各发展要素，推动农村经济的发展。在产业扶贫过程中，龙头企业或者合作社是最主要的经营主体，然而注重“效益性”而非“益贫性”使得这些主体主导的模式仍存在项目结构不合理、未凸显支柱产业、技术支撑不够以及产业链条断或缺等问题。高校作为非营利性的扶贫主体，拥有教育、人才和科技多重优势，从而成为产业扶贫的有效补充。

为满足受助群体不同的减贫脱困诉求，高校于实践探索中逐步形成了一系列的帮扶模式：“高校专家团队+农户”的教师指导服务帮扶模式、“高校科研项目+企业合作社”的学科技术成果转化帮扶模式和“高校创新平台+产业”的平台搭建帮扶模式，不同模式有其独特的使用范围和鲜明的带动特色。教师指导服务帮扶模式强调由不同专业方向的专家组建成服务团队，为贫困户提供点对点的指导服务。学科技术成果转化帮扶模式侧重于高校学科优势的充分利用，科研项目成果依托专业合作社实现推广与转化，最终提升农业专业化生产水平。平台搭建帮扶模式则利用高校整体资源，在校、地、企之间“穿针引线”，通过搭建多个合作平台，释放资源聚合效应，助推农村产业崛起。这三种模式中高校参与力量从教师团队到学院、再到学校平台，对应的帮扶对象从农户到农业、再到农村，体现了不同参与主体从各自不同的角度为产业扶贫做出努力。这三种模式从不同层面交叉渗透，互为补充，相辅相成，形成一个基于产业扶贫的发展链条，助推资源、产业、产品、市场、品牌等各个环节的优化提升，最终促进产业扶贫绩效的提升。

第一节 “高校专家团队+农户”的教师指导服务帮扶模式

“高校专家团队+农户”的教师指导服务帮扶模式（图9-1），是指为提升贫困村自我发展能力，高校通过引进龙头企业或联合本地企业，共建校企捆绑式协同发展的合作机制，将贫困户纳入合作体系中，一方面吸收贫困户的内外生资源，一方面通过技术指导、技术扩散、产业帮扶、风险共享等机制，推动产业的普及化、规范化和规模化，形成“领一个团队、联一个企业、兴一个产业、富一方农民”的链条式经营格局。该模式的特点是高校教师团队依据市场需求变化为贫困户提供生产要素、市场价格和产品销售等方面的科技服务，覆盖产前、产中、产后的指导服务和组织化带动，降低了农户生产的市场风险，有利于家庭农业的稳定增收。

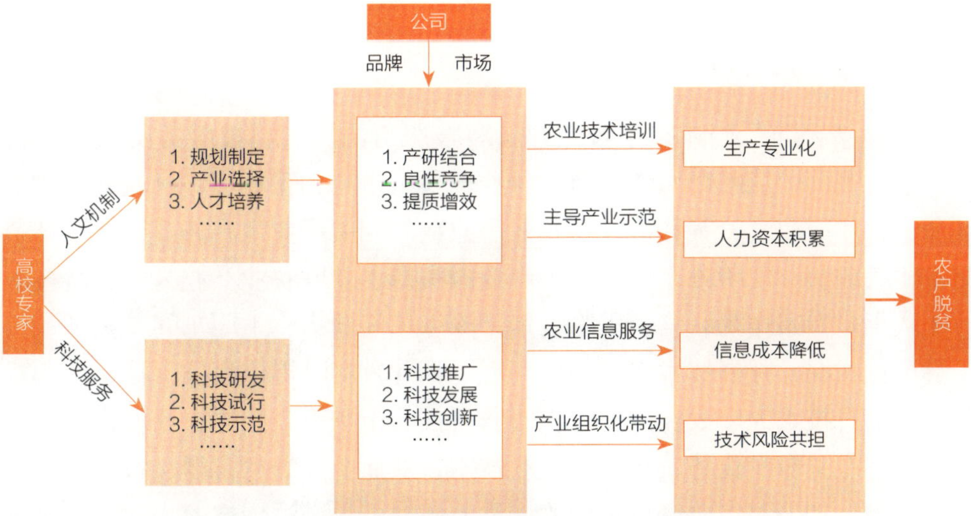

图9-1 “高校专家团队+农户”的教师指导服务帮扶模式

一、对症施策破难题

高校组织综合素质高、专业能力强的技术力量深入贫困地区，通过广泛走访调研贫困村、农户、相关企业等，进一步明确扶贫区域经济发展和产业发展中存在的突出问题。例如派遣产业经济、旅游经济以及农业发展方面的专家深入当地，根据其具体情形，规划出适合当地资源禀赋的特色产业。充分挖掘和利用当地的资源优势，重点研究扶贫产业的发展基础、需求和定位，按照“突出产业扶贫、体现地方特色、选准产业项目、延伸产业链条、形成产业优势、实现产业增收”的基本思路，因地制宜制定产业发展规划，实施产业精准培植。例如在陡峭的地方发展林业，在平坦开阔的地方发展畜牧业，在长江中下游地区发展养殖业，等等。发挥好高校行政管理和商业管理方面专家的资源优势，为当地的特色产业进行规范化管理的指导和制度的建设，以规模化、产业化、标准化、品牌化发展为重点，围绕传统优势产业与朝阳产业发展统筹全产业链规划布局，制定相关的产业发展对策。

华南理工大学在帮扶“云县白花木瓜制云酒”项目过程中，多位学校领导和学院专家多次深入云县考察，从全产业链的思路出发，对云县特色农产品白花木瓜的培育技术、种植技术、生产加工以及果酒制作工艺、销售等环节的内容进行调研，识别问题，并分析其中可以加以改善的环节。经过调研，华南理工大学的专家团队首先瞄准了云酒产业上游种植环节的技术提升。

二、组团服务全覆盖

围绕“靶向”产业，学校组建了科技服务团队。科技服务团队实行首席专家负责制，从品种培育环节、种养环节、生产加工环节、产业链的物流环节、农业产业链分销环节以及农业产业链的相关产业生产环节等产业环节配备团队成员。现阶段产业扶贫中产业的类型主要以农业产业为主，科技服务团队指定专家作为联络员进驻当地，深入田间地头、工厂车间，实地调查了解产业状况，开展技术咨询服务和现场指导，实时提供科技支撑，运用互联网、信息技术为广大农户提供农资、科技、市场等方面的农业信息服务。充分发挥专家自身优势，从现代农业技术、农业企业经营管理、农业信息资源等方面，加强对农业经营主体的培训，开展以先进适用技术为主的培训工作，提高他们的综合素质和职业能力，为当地培养一批以特色产业人才、农业局和乡镇服务中心技术人员、专业合作社带头人、种植大户为主体的致富领头雁，发挥其引领现代农业发展的作用。通过对上游农户提供技术指导和培训，并且签订相关的合约，保证上游提供合乎要求的产品。

华南理工大学在云酒项目实施过程中，组建的专家团队不仅在白花木瓜的种植上提供了参考意见，还在白花木瓜的销售上给出建议。此外，华南理工大学在帮扶孟连咖啡项目过程中，组建了一支精英团队，荟萃轻工科学与工程学院、食品科学与工程学院以及新闻传播学院、工商管理学院等方面的技术骨干和专家，在技术扶持方面，通过采用物联网技术导入智能农业系统，开展咖啡种植、具体生产工艺改进等培训与指导，实现了一个专家服务多边的技术服务目标。另外，帮扶团队从分销策略、促销策略、自动咖啡售卖机等方面制定详细可行的市场拓展计划。从咖啡种植到销售，华南理工大学帮扶团队提供了全面的服务和指导，提升了当地咖啡产业创造高附加值的能力，打开了营销渠道。

三、打造产业领航员

围绕“靶向”产业，依托科技服务团队支持小微企业做实、做强、做大，培育或引进农业产业龙头企业，切实发挥企业的辐射带动作用，形成集约化可持续发展模式。目前农业生产正处于从传统向现代转化的阶段，专业性、技术性日益增强，单靠公司技术人员提供的服务难以支撑技术开发、技术应用和技术服务，而高校充分利用人才优势提供全面、系统的技术支撑，形成以高校为主、公司辅助的技术服务平台。对于企业内部，高校专家对企业进行专业的指导和咨询，改变粗放型的管理方式，同时帮助该“领头雁”企业根据自身品牌承诺所需要的产品特征和产品信息，制定严格的产品标准。在技术合作方面，高校与公司签订科技帮扶协议，选派科技特派员进驻企业，通过强化利益捆绑、责任捆绑、声誉捆绑、科研捆绑、人才捆绑等协同机制，采用半紧密型联合模式或紧密型共建实体合作模式，承担技术指导、共建技术研究中心等工作，联合开展涵盖品种选育、健康高效种养殖、保鲜贮藏、精深加工、机械自动化与智能化等全产业链系统攻关，实现相关产业技术群的集成与创新，使其从单一的产品生产发展到优质的多品种生产，使产品合乎品牌承诺要求。此外积极打造产业发展领航员，推动农业科技创新能力的提高与农业技术的应用推广。

华南理工大学多年来一直为云县骨干企业——茅粮集团提供核心技术指导、技术人员培训、实验室设备等支持，帮助茅粮集团成为云酒产业的领航员。正所谓“科技是第一生产力”，先进的科学技术为云县茅粮集团云酒产业提质增效，仅司岗里白花木瓜酒，近几年就为企业贡献9000多万元。

四、责任捆绑助脱贫

高校依托企业采用“公司+农户”发展模式，间接实现对普通农户的科技服务与指导，将公司和农户连为一体，形成一股强大的合力，实现优势互补、风险分担、规模化生产和链条式经营。引导龙头企业的要素配置方向，鼓励企业树立品牌意识，强化品牌建设，支持龙头企业加强品牌创意和推广营销，加大地区品牌宣传力度，积极为企业搭建各种展销平台，扩大当地产品的知名度和美誉度。通过建立区域品牌，使得处于分散状态下的生产者和经营者可以实现集中，从而使区域内的广大农户、生产基地、农业企业获取聚集规模经济效应，增加集聚系统内产业对产品的有效供给，从根本上增加产业的生命力。科技服务团队重点支持的产业龙头企业与分散经营的农户通过订单生产和定向收购的产销协同方式，有效吸纳贫困人口进入产业链条，使产业发展受益面覆盖在册贫困人口，辐射带动贫困户或贫困人口提高收入，实现“发展生产脱贫一批”。

华南理工大学结合云县白花木瓜的优势农业资源，充分利用自身学科特点，创造性地指导云县茅粮集团以“公司+基地+农户”的模式在临沧市内发展种植30万亩木瓜基地，通过这种方式，云县的云酒产业得到了发展，企业获得了收益，也带动了当地的农户参与到产业建设的过程中，实现脱贫致富。

第二节 “高校科研项目+企业合作社”的学科技术成果转化帮扶模式

“高校科研项目+企业合作社”的学科技术成果转化帮扶模式（图9-2），是指高校结合学科优势，以科技项目为纽带，集聚人才科技、特色资源等，以专业合作社为桥梁，发挥其网状聚合作用，通过科技传播、科技培育和科技应用，将高校的农业成果用于产业扶贫。该模式的运行机制中，高校科研项目与团队一方面可以面向地方农业科技发展需求，将高校学科优势牢牢地与农业科技与产业发展联系在一起，通过项目实施、帮扶贫困村的专业合作社和科技成果应用，为当下的贫困村产业布局及其未来的贫困村产业增收和经济发展提供内部创新驱动力；另一方面，贫困村的现实情景与地方产业资源禀赋条件与特色，又为高校科研项目与技术应用提供了重要的技术实施场景，不断促进高校科研团队的建设及技术能力与水平的提升，实现高校科研项目与合作社的双向协同与共赢。

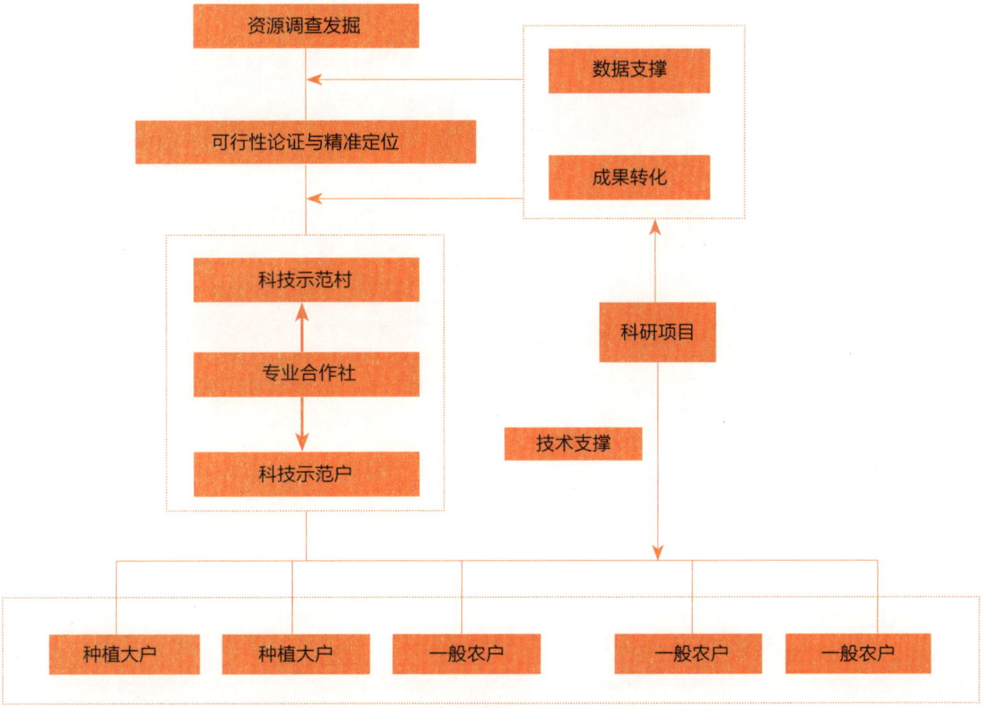

图9-2 “高校科研项目+企业合作社”的学科技术成果转化帮扶模式

一、优势挖掘聚靶点

在项目选择上，高校从自身实际情况特别是优势特色学科出发，选择帮扶项目，实现扶贫与高校自身的特色和专长紧密结合，与高校的教学科研工作乃至日常工作相结合，构建帮扶长效机制。例如以农学、生命科学等学科为特色的高校选择生物栽培、特色养殖等扶贫项目，医科大学选择医疗扶贫项目，以师范、教育等学科为特色或自身附属的中、小学教育水平较高的高校，选择人才扶贫项目。此外，还有一大批行业特色型高校可以立足将行业优势转化为产业优势，通过提供行业政策、制定行业发展规划、建设产业基地等开展定点扶贫工作。突出知识优势，把自身在某个学科方向或某类理论、技术上的领先实力转化为扶贫项目的核心内容。

华南理工大学充分依托国家级特色专业、广东省名牌专业——食品科学与工程这一学科优势，将食品营养、加工工艺、食品分析及生产装备等方面的知识与解决云县云茶产业转型升级需求相结合，并提出“X+茶”模式。2017年，食品科学与工程学院成功申报“植物科学与技术”“食品科学与工程”“资源循环科学与工程”三个新专业，新的专业集群几乎覆盖了茶产业涉及的全部环节（表9-1）。在对现有茶学专业中的专业方向进行了进一步的修改和完善后，又形成了“茶生产与管理”“茶文化与旅游”和“茶经济与贸易”三个新专业方向，使学院培养的应用型人才更好地服务于云茶产业。

表9-1　产业扶贫涉及专业统计表

农业方向	涉及主要专业
种植	作物生产技术、种子生产与经营、设施农业与装备、现代农业技术、休闲农业、生态农业技术、园艺技术
养殖	畜牧兽医、动物防疫与检疫、饲料与动物营养、特种动物养殖、水产养殖技术
农业工程	农业装备应用技术、农产品流通与管理、农资营销与服务、农产品加工与质量检测
农业经济与管理	农村经营管理、农业经济管理、渔业经济管理、电子商务、市场营销、财务管理

二、项目攻关提效率

项目是集聚创新资源、解决技术难题的有效载体。针对制约特色产业发展的关键共性问题，学校设立产业攻关项目，开展科技攻关。同时，推进科研项目扎根贫困区，通过联合申报、定向资助、重点支持等形式，优选一批扶贫支援重点科研项目落地扶贫点；建立贫困地区与高校人才流动机制，以重点科研项目为载体，联合培养理论与应用的复合型人才；设立学生实习实践基地，将实验室、试验田搬至产业发展核心区，安排高校专业博士深入贫困地区，派出教授服务团、博士团长期跟踪项目进展，推动技术研发、新品种培育等开展科技项目应用、实施，实现完成科研项目与解决生产难题相统一；允许基层行政人员到高校或是科研院所进行进修、学习，形成人才双向流动和科技成果快速转化机制。在具体执行上，完善贫困地区科技人才选拔、选派与培养制度，孵化一批拔尖专业技术创新人才和创新团队，营造良好的人才环境和创新机制，建立健全有利于人才成长和发展的激励机制和管理模式。

华南理工大学在云酒帮扶项目中，先后设立了“专家工作站”项目及配套的重大项目“特色白花木瓜深加工技术集成及资源综合利用”，此外还有“白花木瓜膳食纤维饮料加工关键技术研究”和“白花木瓜醋饮料加工关键技术研究”两个横向课题，在云县云酒产业上输送了优秀的人才和技术，不仅解决了云酒当前的生产技术问题，还为云酒产业今后的可持续发展提供了有力的帮助。

三、因地制宜创“新”模式

农业技术具有明显的地域性和适应性，根据扶贫地区地理区位及生态环境的不同，在进行贫困地区产业技术推广时，不能一味地以所拥有的最新技术或最高技术去进行推广或指导，要考虑该技术对于该地区是否适用、是否实用、是否成熟、是否先进等。根据产业发展中高校与扶贫对象双方的资源、技术等发展基础，选择适应性科技成果转化模式。如产业资源与技术结合型，针对贫困地区已有相对成熟的产业，但缺乏技术等方面的资源，无法让优势得到发展的情况，高校对此提供相关技术支持。技术带动下的产业资源补充型，针对扶贫地区拥有特色农产品资源优势，但无法形成产业，高校提供技术支持和资源投入，让该农产品资源转化成产业发展的基础，最终形成特色产业。技术优势转化下的产业培育型，针对扶贫地区既无特色资源也无产业基础，高校通过技术输送培育新产业。

在华南理工大学云酒帮扶项目中，针对云县云酒原料白花木瓜这一特色农产品资源优势一直得不到发展的问题，华南理工大学创新实施“技术带动下的产业资源补充型”的帮扶模式，通过华南理工大学的技术支持和资源投入，白花木瓜资源转化成产业发展的基础，最终形成特色产业。

四、组织依托促“落地”

农民专业合作社作为集生产、收购、加工、成品研发及销售于一体的农村专业合作组织，架起科研、推广、农户之间的桥梁。一方面，通过与专业合作社建立产学研合作关系，准确了解农民的技术需求和产业发展需要，为对方培养技术人员和不定期进行技术培训，促进高效栽培技术研发、优质品种筛选和繁育、新品种培育和推广、农产品包装设计等项目成果转化。同时，对生产中出现的新难题，及时反馈，有针对性地进行技术研究，提高其科技成果的应用性，实现创新—转化—再创新—再转化的良性循环，促进农业产业升级。另一方面，将新品种、新技术在产业基础较好的专业合作社中示范应用，经过长期探索形成适合贫困地区自然环境和经济社会的技术体系后，再面向普通农户开展相应技术的推广，这种“样板效应”使得普通农户对新技术的潜在收益与成本形成了合理预期，有助于普通农户在新技术采纳中看得见、摸得着以及跟着学，降低其获取并掌握农业科技的信息成本以及直接采用新技术的潜在风险。此外，农户通过不定期参观高校与专业合作社开展的技术集成和试验示范，模仿引进高效的绿色施肥技术、作物管理技术、新型农机设备等现代农业科技，从而通过生产要素优化配置与现代农业科技引入提高家庭农业专业化生产水平。

在孔美村帮扶项目中，华南理工大学引进了“华航31号”“华航38号”以及广东省水稻产业大会优质稻米品尝“榜首”品种“软华优1179”，进行了两期的试验种植。在华南理工大学的支持下，孔美村青年创业致富带头人唐镇涛、唐国忠等发动贫困户一起共同成立了“惠来县孔子美种植专业合作社”，开发出了“孔子美农家香米”，依托合作社提供技术培训、教授管理经验、产后包销，帮助农户解决后顾之忧，使得优质水稻种植在全村得到推广。

第三节 “高校创新平台+产业”的平台搭建帮扶模式

“高校创新平台+产业”的平台搭建帮扶模式（图9-3），是指全面整合和利用学校教育、学科、人才和校友等内外部优势、资源和社会影响力，搭建研发生产、招商引资、产销对接等平台，着力构建政府统筹推进、社会合力帮扶、学校全程智助的扶贫链“造血”体系，在人才引流、项目落地、资金筹措、物流运输、环境治理、技术升级以及市场开拓等各方面全面渗透，帮助当地的农产品产业链体系全面实现资源对接，满足农村产业融合以及升级提升的迫切需要。

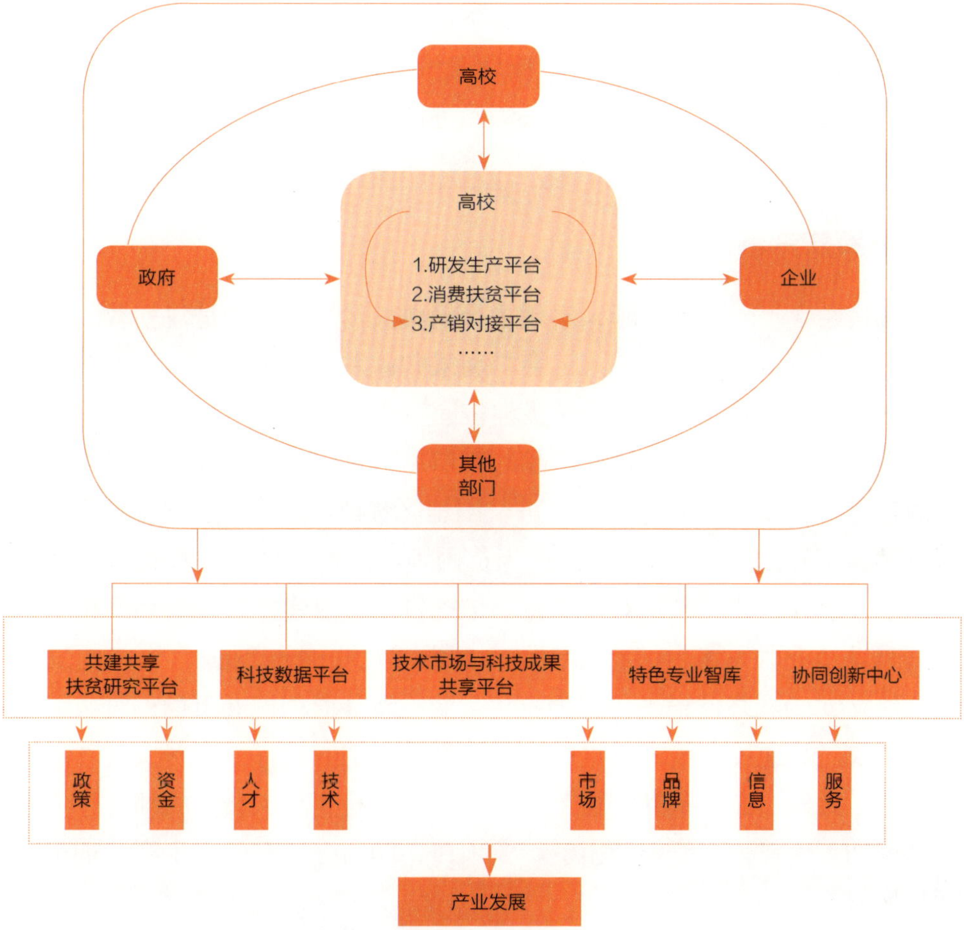

图9-3 “高校创新平台+产业”的平台搭建帮扶模式

一、挖掘借势拓思路

针对地方产业发展需求，学校成立新农村发展研究院、乡村振兴战略研究院、统筹城乡教育发展研究中心、精准扶贫与区域发展评估研究中心、乡村发展规划设计研究院等相关研究平台，整合学校农业、教育、文化、管理等方面资源，组建横跨多个学科的专家团队，充分依托学校现有的产学研合作机构及相关社会服务平台，将服务区域现代农业产业园、乡村振兴战略工作与新时期精准扶贫精准脱贫工作紧密结合，借势发展，拓展产业扶贫思路。

在扶贫实践中，为解决云县的云茶走不出去的问题，华南理工大学与国汉生态茶叶有限公司成立了“华南理工—国汉古茶资源及文化传播联合研究中心”，旨在对云县丰富的古茶资源进行研发和品牌打造，并取得了良好效果。

二、消费扶贫进校园

高校结合校园消费实际，搭建多个消费扶贫平台，一是建立教职工福利消费平台，将当地农产品纳入工会福利采购体系，向全校教职工发放“精准扶贫爱心采购农产品包”。二是搭建校园直销平台，在学校超市开设农产品销售专区、专柜，作为展销农产品的窗口。三是建立校园餐饮消费平台，有计划推进食堂物资采购签约，引进贫困地区优质的农产品。创新“福利+校园直销超市+食堂”的运行模式，为贫困地区提供长期稳定且数量巨大的产品需求。此外，建立购销对接平台。依托校友企业建立农特产品产销平台，帮助当地企业联系平台、打开销路；探索“互联网+产业+营销”的发展模式，建立O2O网络营销平台，为特色产业不断开辟和扩展市场；对缺乏品牌优势的农产品通过高校进行推广，提升产品附加值，打通消费扶贫“最后一公里”。此外，通过举办经贸合作推介会、农特产品展会等活动，宣传当地发展空间与优势，集聚招商引资产业项目，助力打通农产品生产、加工、流通等环节。

华南理工大学以消费扶贫为思路，设立了“爱心茶”精准扶贫创业项目，学校与云县政府、多家茶叶公司达成合作意向，充分利用校内、校友和社会资源打开云茶销路，同时在校内举办帮扶贫困地区农特产品展销会，整合多方资源、拓宽销售渠道、搭建产销平台，带动了云县特色产业发展。

三、校地合作聚资源

根据地方经济发展需求和产业规划要求，校地双方通过签订战略合作协议和示范基地合作协议，推动高校与当地企业、高校、科研单位建立起广泛的合作渠道，合作建设产业技术联盟、创新实践基地、产学研合作科技创新基地等公共服务机构，组建政产学研合作创新团队，为贫困地区的未来技术支撑提供保障。形成以市场需求为导向的“产—学—研”深度融合协同创新体系，搭建分工协作的“一盘棋”农业科研工作新格局，使联盟成为全省农业科研联合攻关的核心平台。包括：创建覆盖上中下游的“一条龙”农业科研组织模式，使联盟成为全省农业科技创新的骨干网络；构建多学科集成的“一体化”农业科技综合解决方案，使联盟成为支撑现代农业发展的重要力量；贯通农业科研、推广转化和生产应用，实现农业科研体系、农技推广体系、新型职业农民培育体系这“三大体系”之间的上下贯通和无缝对接，完成从科学研究、实验开发、推广应用的“三级融合”；搭建农村人才引进、培养和精准培训平台，加大乡土人才、农村基层干部、新型职业农民培训，通过在技术认知、田间管理、市场营销等环节从良种培育和布局、种植技术、病虫害识别和防控、产业发展方向及动态等全面开展技术培训和科技服务，多环节、多形式加快农村产业人才培养。

华南理工大学在帮扶云县的云茶产业时就搭建了这样一个吸纳多方资源的校地战略合作平台——云县品牌联盟。该联盟以云县各大产业龙头企业为主体，吸引中小企业、合作社等加入，同时聘请华南理工大学的品牌专家、校友企业家组成专家委员会，一起为云县产业发展出谋划策；打造了统一的宣传平台、交流平台、合作平台、提升平台等，为云县中小企业品牌建设提供推广服务，为当地扶贫开发贡献力量，助力云县经济社会发展。

四、机制联动催生集群效应

高校扶贫不应局限于校内资源，还要放宽视野，打通各条路径，形成协同合作、立体交叉的帮扶网络。一所高校自身的力量是有限的，一方面自身专业种类有限，不能满足帮扶地区的需求；另一方面许多项目需要资金和政策支持，只有借助多方力量才能实现。高校可以自身作为媒介，积极谋求和争取社会上的各方资助，调动社会上的力量共同参与扶贫；整合和发展好校内研究平台和研究团队的同时，与国家部委、地方政府及基层组织、其他高等院校和科研院所等建立密切的合作关系，共同打造协同创新中心和特色专业智库等平台。在国家部委层面，学校与国务院扶贫办、国家民委以及国家发改委西部司等保持频繁互动；在地方政府及基层组织方面，学校与各贫困县以及部分乡镇、典型贫困村等建立长期合作；在高等院校和科研院所方面，学校与国内主要贫困研究团队密切交流，进一步提升学校减贫与发展研究和社会服务的规模效应和协同效应。

华南理工大学帮扶云县发展云茶产业的过程中，合力构建了“华南理工+云县+社会”三力驱动的扶贫机制，整合多方资源与力量，不断强化“品牌引领—产业升级—教育振兴”的良性循环，充分发掘和发挥高校扶贫的优势与特色，助力贫困地区振兴。

第十章
高校产业扶贫对策与展望

党的十九大报告中首次提出乡村振兴战略，并对其作了“产业兴旺、生态宜居、乡风文明、治理有效、生活富裕”的总要求。这被视为党和国家为全面建成小康社会、实现中华民族伟大复兴的中国梦而作出的一项重大战略部署。

事实上，农村问题一直是我们党工作的重中之重，农业在国民经济中的基础地位从未动摇。每年初发布的中央一号文件，许多都是以“三农”为主题。为全面建成小康社会，中国发起了脱贫攻坚战，不让任何一个人在小康路上掉队。

2020年4月20 23日，习近平总书记赴陕西就统筹推进新冠肺炎疫情防控和经济社会发展工作、打赢脱贫攻坚战进行调研时强调“六保六稳”工作，就是要扎实做好稳就业、稳金融、稳外贸、稳外资、稳投资、稳预期工作，全面落实保居民就业、保基本民生、保市场主体、保粮食能源安全、保产业链供应链稳定、保基层运转任务。这“六保六稳”工作，就是华南理工大学未来服务乡村振兴，实现产业帮扶的核心指导思想。

为此，我们在本书中总结了高校产业扶贫的对策，以及规划未来高校产业帮扶的工作计划。

第一节　高校参与全产业链扶贫对策

根据以上基于品牌价值提升的全产业链扶贫模型，高校产业扶贫的对策包括：

一、立足地方资源，扩大产业规模

在《“十三五”脱贫攻坚规划》中明确提到：“立足贫困地区资源禀赋，以市场为导向，充分发挥农民合作组织、龙头企业等市场主体作用，建立健全产业到户到人的精准扶持机制，每个贫困县建成一批脱贫带动能力强的特色产业，每个贫困乡、村形成特色拳头产品，贫困人口劳动技能得到提升，贫困户经营性、财产性收入稳定增加。”若要使地方产业得到发展，就必须结合地方自然资源，针对地形、资源发展与之相适应的产业，发掘地方潜力，把地方资源禀赋转化为当地发展的优势。

习近平总书记曾说过：“扶贫要实事求是，因地制宜。要精准扶贫，切忌喊口号，也不要定好高骛远的目标。”对于高校全产业链的乡村扶贫工作，在资源端，特提出以下建议：

一是要做到因地制宜，首先要了解当地的地形、自然资源、地方特色，并根据当地的实际情况作出适宜的产业方案。例如在陡峭的地方发展林业、在平坦开阔的地方发展畜牧业、在长江中下游地区发展养殖业，等等。总而言之，要综合当地多方面因素，为当地的产业发掘出最适合发展的项目和方向；尤其是要依托当地资源，帮助当地政府和企业培育发展优势主导产业，带动乡村产业发展，促进本地农民就业增收。

二是要对闲置土地的开发提出合理化建议，将荒废的土地“变废为宝”。目前中国的农村还存在着很多闲置土地，这些土地有着可观的前景。在这些闲置土地上，高校的产业经济、旅游经济以及农业发展方面的专家可以根据其具体情形，规划出适合当地资源禀赋的特色产业，从而把这些土地的作用发挥到最大化，既能促进当地发展，又能缩小城乡差距。其中也有一些地方土地比较贫瘠，或者经常受自然灾害、无人使用的荒废土地，可以建议其利用当地的种养资源发展粗加工和深加工的第二产业，还可以利用当地的自然风光开发文旅产品和打造特色小镇，积极谋划观光园、采摘园、公园、会展等休闲农业和乡村旅游项目，使土地资源的价值最大化。此外，在规划时要做到合理利用和开采资源，保持资源与环境的平衡，同时减少当地的污染，发展无污染或者低污染的技术。换言之，要做到人与环境和谐共处，从而实现可持续发展。

三是要发挥好高校行政管理和商业管理方面专家的资源优势，对当地的特色产业进行规范化管理的指导和制度的建设，做到规模化经营。对于企业内部，高校的专家可以对有需要的企业进行专业的指导和咨询，改变粗放型的管理方式。尤其是在具有优秀地方资源禀赋的地区，要减少各个产业各自为战的状况。高校可以深入研究，建议政府对当地的一些产业进行整合，打造出具有当地特色的、富有市场竞争力的种养业和加工业，创造出当地的品牌；再对企业进行规范化管理，产业升级，完善产业链，扩大规模，实现规模化经营。而对于土地资源欠佳的地区，可以建议采取土地整治、设施更新、改变发展模式的方法，因地制宜，克服自然因素带来的困难。

四是要充分发挥高校管理方面的专家优势，帮助广大农村的经济经营主体实现模式创新，比如可以帮助当地企业通过专业合作、股份合作等方式带领村民因地制宜发展现代农业和农村二、三产业，壮大集体经济，为农民创造更大的收益。

二、依托科技创新、促进产业升级

在种植养殖、农产品开发以及生产加工环节，高校全产业链的扶贫工作可以从以下几个方面来展开：

（一）发展农产品加工业，提高技术含量

农业现代化的发展，离不开农产品产业的支持，而“民以食为天”恰恰说明了农产品对于国民生活乃至整个国家发展的重要性。发展农产品产业，一方面是能够有效促进和保障人民群众的生活和健康水平，另一方面则是有助于经济平稳较快地发展。高等学府，是技术知识密集汇聚的巨大平台，很多问题在高校这个广阔的平台上都能找到合理的支撑；产品研发、加工设备、工艺、包装物流等方面的技术性需求，在高校都能得到点对点、人对人的帮扶。

（1）在农产品的生产加工中不断提高科技水平，扩大生产规模，促进

农产品加工业转型升级。

《全国农产品加工业与农村一二三产业融合发展规划（2016—2020年）》指出，我国农产品加工业技术装备水平不高，比发达国家落后15～20年。精深加工及综合利用不足，一般性、资源性的传统产品多，高技术、高附加值的产品少。由此观之，科技水平的不足成了农产品加工业的绊脚石。提高科技水平，大力推动广大的农村与高校等机构开展“官产学研用”的结合就显得尤为重要。在这一方面，政府可以出台相应的政策，对一些与高等院校合作研发、实现高校科技成果转化的农产品加工企业、合作社等给予补贴，鼓励更新升级设备，提高加工过程的技术含量。

（2）做好区域规划，优化结构布局，推进农产品加工业向优势产区集中布局。

相关研究表明，2008年至今，农产品加工业地理集中程度相对较低，空间布局趋于分散化，导致各地区专业化水平显著下降。在优势产区里，高校要发挥在产业规划和企业管理方面的专家优势，因地制宜地为有条件的地区规划设立生产基地或者特色产区，如棉花生产基地、蔬菜生产基地等等，培养出当地具有号召力、引导作用强的龙头企业，实现“一村一品”“一镇一业”的特色产业。同时可以规划在周围适当发展与之相关的企业，形成农产品加工业集群，把原材料提供商、加工企业、销售商、物流企业等集中在一起，延长、完善产业链。同时，高校的研究规划团队还可以展开深入的调查研究，为集群内的各个企业找到平衡利益关系的有效手段，防止出现各企业利益冲突的情况，最后形成一个高效、完整、有序的生产体系。

（3）加快人才培养，引导高科技人员从事农产品加工业。

人才是企业和社会发展最核心的要素。高校在全产业链帮扶的工作要真正落实“扶贫”与“扶智”的结合，充分发挥自身的学科和专家的资源优势，对地方政府的工作人员、企业管理者和技术人员开展长期而有针对性的培训，包括经济发展、产业布局、企业管理、技术创新、市场营销以及相关法律（如知识产权保护）等方面的知识的宣导；不但如此，还可以引导、支持高校毕业生参与农村工业生产，也可以在部分高校开设相应课程，提高现代大学生对农村的了解，培养他们对农村工作的兴趣。此外，还可以引进先进科技团队、经营管理团队等帮助农村企业建设。对于参与农村工作的科技人员，要对他们进行专业技能的培训，鼓励支持他们参与农村龙头企业工作。

（二）融合一、二、三产业，推进农村现代化

目前，许多农村的产业结构还比较单一，农民的收益普遍较低，农业规模也较小。农村想要求发展，将一、二、三产业进行融合是必经之路。近年来，我国广大农村的一、二、三产业融合取得了一定的成就，但是仍处于初级阶段，依然存在着部分融合层次低的问题。而一、二、三产业的融合，关键是市场引擎的拉动，所以，高校专家应该大力推动中国的农村全面推行“品牌农业”高质量发展的工作，以品牌承诺为引擎，拉动农产品产业链的“三产”融合发展和各个环节的价值提升，进一步推进农村产业结构改革，提高农产品的附加价值和市场的溢价能力，真正实现产业帮扶助力乡村经济振兴、带动农民脱贫致富奔小康的目标。

（1）引导农业功能拓展，延长农业产业链。

过去，人们对生产有误解，以追求生产数量为要，却忽视了农产品加工业。农民盲目追求数量，导致产品过剩、生产结构不合理、种类单一、创新能力低的问题。对农民而言，农民的收益低下，进而阻碍了当地的农业、经济发展。要改变这种现状，高校专家团队要积极引导和推动农业发展，改变目前的产业结构，根据帮扶地的实际情况和当地特色，规划建设特色农业、旅游农业和外向型农业，把农业与科技、教育、观光、养老、度假等相结合，拉动周边产业的发展。

（2）全面实现资源对接，满足农村产业融合需要。

在农村产业融合过程中，人才、资金、土地等资源的不足成了一大障碍。资源的不足，约束了产业的规模，降低了农产品的质量。农村仓储物流设施缺乏，环境污染问题严重，污水、垃圾难以处理。为此，高校要发挥自身的社会影响力和校友资源遍布各行各业的优势，在人才引流、项目落地、资金筹措、物流运输、环境治理、技术升级以及市场开拓等各方面全面渗透，帮助当地的农产品产业链全面实现资源对接，满足农村产业融合以及升级的迫切需要。

三、构建多元市场，强化基础设施

没有市场，没有渠道，没有品牌溢价，乡村振兴、改善农村经济现状就是一句空话。高校在帮助农产品走向市场，打通“从田地到餐桌”的每一个流通环节，可以做以下工作：

（1）借助龙头企业的规模优势，利用龙头企业掌握的优良资源畅通市

场渠道，发展生产，开拓出相关品牌农产品的市场。

要积极推动地方发展龙头企业带动模式，即“龙头企业+合作社+基地+农户（贫困农户）”模式，农户以出资的方式成为龙头企业的分红对象，龙头企业利用从农户吸收的扶贫基金、土地等各类资源，建设相关农业生产基地，雇佣农户为其劳动，发展生产。龙头企业本身以盈利为目的，其行动遵循市场规律。与单纯依赖政府制定政策带动产业发展相比，龙头企业对市场感知更加敏感，应对方式更为灵活，又具备了较好的市场风险应对能力，可以实现市场逻辑与政策逻辑的适配。

（2）协助构建信息网络，畅通信息渠道，为畅通市场渠道提供及时必要的信息。

高校要发挥自身在数据、信息、网络、软件开发等方面的资源优势，积极推进农业信息化，在市场所在地建立多个销售网点，在提供产品服务的同时，利用信息技术的力量实现销售网点信息共享，打破信息闭塞的局面。实时监控和反映市场需求及市场价格变化，将市场信息、农业形势、政策信息等及时反馈给农民和企业，以便其作出决策，尽可能减少信息不对称现象的出现，推动优质的农产品快速走向市场，获得预期的市场回报。

（3）畅通市场渠道，解决渠道冲突问题。

从生产商、批发商、零售商到最终消费者，各个组织的利益倾向不同，很容易产生渠道冲突，从而导致市场不畅。在这一方面，高校的智库机构要群策群力，设计切实可行的管理措施，帮助解决渠道冲突问题。首先要为渠道各环节树立一个统一的目标，如为消费者提供尽可能新鲜的农产品，使得整个渠道各个组织朝着一致方向努力。其次，对于渠道的不同组织，要明确各个环节的责任和分工，如作为农产品的生产商，要保证出品的质量。要实现权、责、利的统一，对于渠道的有效运转承担更多责任的组织，要赋予其更大的选择权、话语权，相应的利益分配也应更多，以实现渠道各环节的分配公平。再者，要重视渠道内各组织的信息沟通，生产商最清楚农产品本身的品质特点，应通过有效的沟通，使中间商清楚产品相比其他同类替代品的竞争优势，从而更好地进行宣传推广，实现分销。此外，要订立相关合同，将各个组织的责任和产品销售成果的分配方式以及激励惩罚措施等，用协议的方式，明确规定下来，并严格依规实施，实现程序公平。合同的制定和有效实施，能缓和渠道冲突，有利于渠道各个成员共享渠道改良后的成果，从而使各环节都愿意为渠道的畅通而做出努力。

（4）构建多元渠道体系，发展不同长短的营销渠道。

高校帮扶团队要身体力行，调动一切可以调动的资源，帮助构造从生产商到诸多中间制造商、批发零售商再到终端消费者的“长营销渠道”。初级农产品可以通过相关加工环节实现可观的增值。如红枣本身销路单一，但若制成红枣干、红枣粉等产品，既满足了不同消费者的需求，扩大了销路，又能大大提高红枣的保鲜期限，同时实现产品的增值，大幅提高农产品创造的收入。积极借助中间商的力量，利用中间商的资源与技术，提高渠道的效率。同时生产商应积极尝试向下一体化，发展下游加工产业，挖掘农产品加工的多种方式，降低生产成本，实现更大幅度的增收。对于不适合加工的农产品，可以发展“短营销模式”。为了降低农产品中间环节的成本，在传统直销方式以外，要积极发展网络直销，不通过中间商，而是直接面向消费者，将新鲜的农产品送到消费者手中。

（5）要帮助发展批发和零售多种不同的营销方式。

我国产业扶贫的农产品的销售渠道以批发为主，占比约为44.0%。批发市场以外，还有更大的消费者市场。对于零售业，高校要积极利用自身的影响力和校友资源，发展生鲜超市、零售连锁便利店、机构团体等零售方式。发展“农超”模式，鼓励农业与各大超市签订协议，为超市长期提供生鲜农产品来源，实现直接对接。与连锁超市对接，认真科学规范农产品标准是关键。发挥政府的作用，联合散户农民，打造品牌农业，依照标准进行规模化生产。从生产到保鲜运输再到销售各个过程，均严格按照品牌标准把控产品质量，坚决淘汰不合格产品。零售方式的营销，要尽可能为市场提供多样化的选择。鼓励企业在专家指导下，将合格的产品按出品质量、新鲜程度等细分档次，不同档次分别设定不同价格，同时，争取在超市设置专柜。对于销售品牌农业产品并设置专柜的超市，考虑实行减税或其他方式的政策鼓励。超市专柜中产品按档次分开放置，尽可能简单明了地说明不同档次产品的区别，从而满足各类消费者的需求，增大市场获利空间。除了批发零售，具备较为完善的交通设施的乡村，还可以尝试发展农园模式。尤其对于保鲜难度较高的农产品，消费者直接到农园进行采摘，可以节约保险成本和运输费用，出品也更为优质，同时还可借助前来农园的消费者对当地的农产品进行宣传。

另外，高校也是一个巨大的消费市场，一般成规模的高校，师生人数都在万人以上，还有很多的社会培训以及周边辐射的社区，高校可以在政策、场地以及学生创业上给予大力的支持，鼓励所帮扶的地区将安全健康绿色优质的农产品以在校内举办展销、开设门店以及社区团购和微商等模式进行市场销售，开拓另类的销售渠道。

（6）大力发展网络营销，促进传统营销和网络营销的共同发展。

高校的新闻传播、工商管理、电子商务等学科领域的专家可以对农民进行网络销售方面的培训，拓宽产品销路，扩大产品的辐射范围，为规模化生产提供销售渠道支持。对于农产品，要注重传统营销和网络营销的差异和协调发展。网络营销更多是以宣传为主，通过微信、微博等新媒体的广告宣传，为的是提高产品知名度，扩大农产品的影响范围，抑或是在电子商务平台上，面向对价格较为敏感的年轻网络用户，更多采取的是打低价策略。而对于传统的营销方式，面向的消费群体则是对于价格不敏感，但对于农产品品质要求更高、较少使用网络的中年老年人。要注重传统营销和网络营销的区别，对于不同的群体提供不同种类的农产品。传统营销方式在物流和直观体验上具有网络营销无法比拟的优势，而网络营销在宣传推广、扩大销路上则比传统营销更胜一筹。对于喜好新鲜感的年轻人，可以在网络营销的平台上，开发相关购物小游戏等方式吸引年轻人，而新品种农产品或新推出的农产品加工品的宣传应更多考虑在网络上投放。此外，要在发展网络营销的基础上，引进高科技人才，利用大数据技术进一步发展新零售营销模式，如在网上下单，即可以在距离最近的实体店提货，实现线上线下互为补充，减少实体库存的同时，为网络购物提供真实的线下互动体验，充分发挥市场资源配置的作用，解决产品过剩问题。

四、健全品牌营销体系，提升品牌价值

根据调研，我们了解到农产品的品牌培育无论是理念、方法还是管理等方面都存在着诸多问题，这些问题若得不到有效解决，会妨碍农场产业振兴的帮扶，成果也将得不到有效的价值转化。为此，高校全产业链帮扶模式必须重视价值链面向市场的最后一个环节，确定品牌的市场定位和价值承诺，夯实品牌培育的基础，做好品牌的传播和推广。我们将区域品牌、企业品牌和产品品牌发展的众多阻力及高校介入的对策归纳如下：

（1）区域品牌产权不清。需要明确产权，并制定使用权管理条例。

高校帮扶团队可以协同企业、政府、行业协会共同协商制定区域品牌管理条例，让商品生产者明确区域品牌的知识产权属性，认识到区域品牌知

识产权属性的集体产权性质和使用权的获取是有条件的。区域品牌所有权属于特定区域所有居民，使用权由接受委托的第三方权威认证机构依照管理条例进行管理。特定区域商品生产者生产的产品，只要符合具体规定，能反映区域品牌特定的性质、特色和精神内核，经批准后便可依法依规使用区域品牌，坚持区域品牌共建共享。

（2）区域品牌管理混乱，需要落实管理责任。

高校可以协助当地主管部门形成一个独立的管理部门，或者整合行业协会以及第三方服务机构建立一个公共管理服务平台，由其全面负责农产品的安全生产和质量监管以及农产品区域公用品牌的使用权和监督权的实施；或界定各相关部分的职责范围，强化部门之间的协调配合，落实执法责任制。

谨防个体滥用和冒用农产品区域公用品牌。若取得区域品牌使用权的企业只顾自身利益，利用区域品牌推销劣质产品，经认证机关核实后，应将相关证据移交政府主管部门，进行处罚。

（3）协助品牌宣传，帮助品牌开拓市场。

高校帮扶团队一方面可以协助当地政府部门进行农业品牌的宣传，尤其是要加大对地理标志产品的宣传力度，通过政策规范等鼓励当地经营地理标志产品的企业，尤其是龙头企业对外展示地理标志符号；另一方面，也要通过宣传使更多的消费者了解和理解地理标志保护制度，让更多消费者愿意乃至喜欢购买地理标志产品。

目前很多的农业企业品牌意识淡薄，注重产品质量，但对于品牌的培育则一窍不通。高校帮扶团队可以通过协助政府有关部门制定有关于农业品牌建设的指导意见或政策，从而引导和鼓励农业企业进行农产品品牌的培育。并有针对性地对农户和农业企业进行品牌建设的专业培训，以提升市场主体的品牌意识和能力。

另外，高校的帮扶团队还可以地方龙头企业和专业合作社为先锋，制定有效的市场营销策略，通过特色产品的品牌溢价、切实的发展成效，让区域内的商品生产者更直观地认识到区域品牌价值，更主动地加入区域品牌建设队伍，促进区域经济发展。

在进行当地地理标志品牌的宣传时，企业应注意地区形象的推广，尤其是要展现特色的、能够引起消费者积极品牌联想的地区形象。鼓励区域品牌所在地因地制宜，从当地具体的气候、山水、人文等地理环境特色出发，挖掘区域亮点，探寻区域特色，从实际出发，打造优势产品品牌。

（4）带领“区域品牌”和“企业品牌”联动发展。

高校帮扶团队要将打造区域品牌与宣传企业品牌结合起来。特别是对于具有一定规模的企业，高校帮扶团队所帮助建立的管理机构或者是公共服务平台，在区域品牌监督管理工作中，要充分鼓励企业品牌的个性化、多样化发展，鼓励在保留区域品牌文化精髓的基础上积极创新。建立依托于区域品牌的企业品牌，借助区域品牌影响力表达企业品牌的精神内涵，在市场竞争之初，借助一方风土人情，扩大影响力。同时，企业自有品牌的成功运营，也能向区域品牌回馈更丰富的品牌价值和更生动的品牌形象。

在保留区域品牌、企业品牌和产品品牌特色的基础上，提高对现代消费需求的适应能力，关注消费者生活方式、价值观念的变化，从细节上打动消费者，增强品牌对消费者的吸引力。

（5）倡导“扶智扶志”，大力开展品牌兴农人才的培养。

以地理标志为纽带，整合相关区域资源。高校帮扶团队要协助当地政府制定科学系统的规划、政策、资金、人才等配套措施。首先要制定规划，同时强化区域文化品牌意识，再明确并履行政府的各类职能以及配套措施的落地，完善文化建设中各个环节。在行业协会层面，应该完善创建、评估、设计、引导、监督、维护、营销等工程，引进与培育品牌管理和服务方面的人才，提供多元化的服务。

高校帮扶团队要聚合各资源的力量，帮助当地政府与行业组织完善配套的营商环境，推动特色产业集群建立，提高地理标志产品经营的专业化、市场化水平。一方面，地理标志的耦合作用，可以带动当地特色经济的发展，促进区域经济的增长。另一方面，区域特色产业集群使经营者和消费者对地理标志的品牌价值有了更多的体验，有利于调动各方积极性去全面塑造地理标志品牌。

第二节　未来高校参与全产业链扶贫的展望

一、打造特色农业产业链

2020年2月5日，《中共中央、国务院关于抓好“三农”领域重点工作　确保如期实现全面小康的意见》中指出：保障重要农产品有效供给和促进农民持续增收，粮食生产要稳字当头，稳政策、稳面积、稳产量。支持各地立足资源优势，打造各具特色的农业全产业链，建立健全农民分享产业链增值收益机制，形成有竞争力的产业集群，推动农村一、二、三产业融合发展。重点培育家庭农场、农民合作社等新型农业经营主体，培育农业产业化联合体，通过订单农业、入股分红、托管服务等方式，将小农户融入农业产业链。继续调整优化农业结构，加强绿色食品、有机农产品、地理标志农产品的认证和管理，打造地方知名农产品品牌，增加优质绿色农产品供给。

基于这样的要求，高校未来要发挥科技和管理服务的整体优势，有步骤有规划地对云县等对口扶贫地区开展一个村、一个乡、一个镇的整体帮扶，从产业发展和区域经济的高度，落实“扶贫”“扶智”“扶志”的基本工作。以产业集聚、产业融合、产业生态规划和产业结构调整来带动产业升级，实现农业的高质量发展（图10-1）。

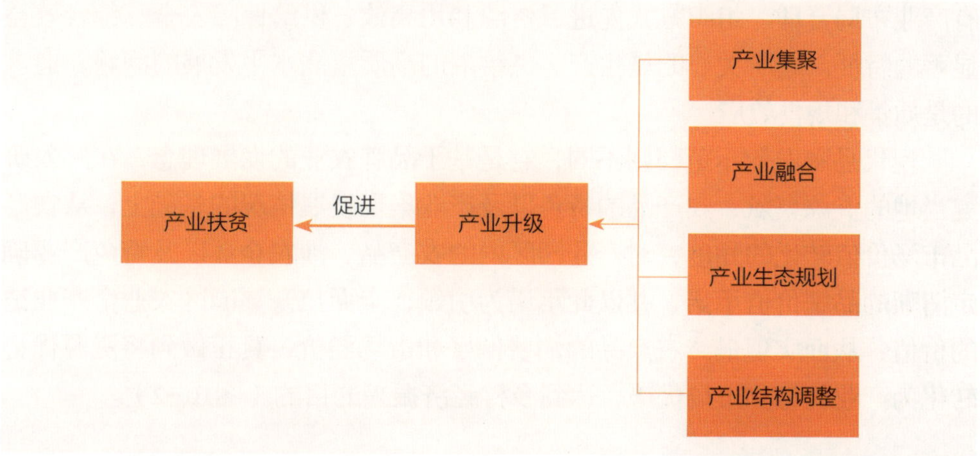

图10-1　未来高校产业扶贫的核心任务

二、 构建现代品牌农业示范园

习近平总书记指出：产业兴旺是乡村振兴的基础。然而当前我国大部分农村，产业发展依然面临小、散、乱的困境，农业价值不高，农产品竞争力低下。没有品牌溢价，不能有效打通一、二、三产业，优质的农产品的价值就得不到体现，农民安心做产业的信心也不足，最终导致产业发展受到严重制约。

因此，本书提出：农业的高质量发展必须以品牌建设引领，将资源优势转化为产业优势和市场优势。《乡村振兴战略规划（2018—2022年）》更是旗帜鲜明地提出要大力开展农业品牌提升行动，形成以区域公用品牌、企业品牌、大宗农产品品牌、特色农产品品牌为核心的农业品牌格局。由此可见，发展品牌农业成为大势所趋。

那么，何谓品牌农业?

品牌农业是以市场为导向的，兼顾产业价值提升与消费认知及心理价值提升的农业。即：①有质量和安全健康保证的品质农业；②按照量化标准生产和加工的、产品始终如一的标准化农业；③通过恰当的筛选、包装和加工进行原料升值的价值农业；④摒弃一家一户落后的生产经营状态，以规模获得高效益的规模农业；⑤打通一、二、三产业，甚至全产业链掌控、实现质量与安全可追溯的大食品业。

现代品牌农业示范园不等于现代农业产业示范园。现代农业产业示范园是以现代产业发展理念为指导，以新型农民为主体，以现代科学技术和物质装备为支撑，采用现代经营管理方式的可持续发展的现代农业示范区域，具有产业布局合理、组织方式先进、资源利用高效、供给保障安全、综合效益显著的特征。它所关心的是生产／供给端的高质量高水平发展的问题，追求的是质量和规模效应。

现代品牌农业示范园则不同，它是基于品牌农业的发展理念，在深入研究当地的资源禀赋、农产品的特色以及产业集聚发展情况的基础上，从农产品市场价值转化的角度，对产业园区内的农产品、涉农企业以及特色产业确定清晰的品牌价值承诺，并以此承诺为引领，全面拉升该园区农业全产业链的价值，从而实现最终农产品的消费偏好和市场溢价，真正做到将资源优势转化为产业优势和市场优势，达到乡村经济振兴的目的（图10-2）。

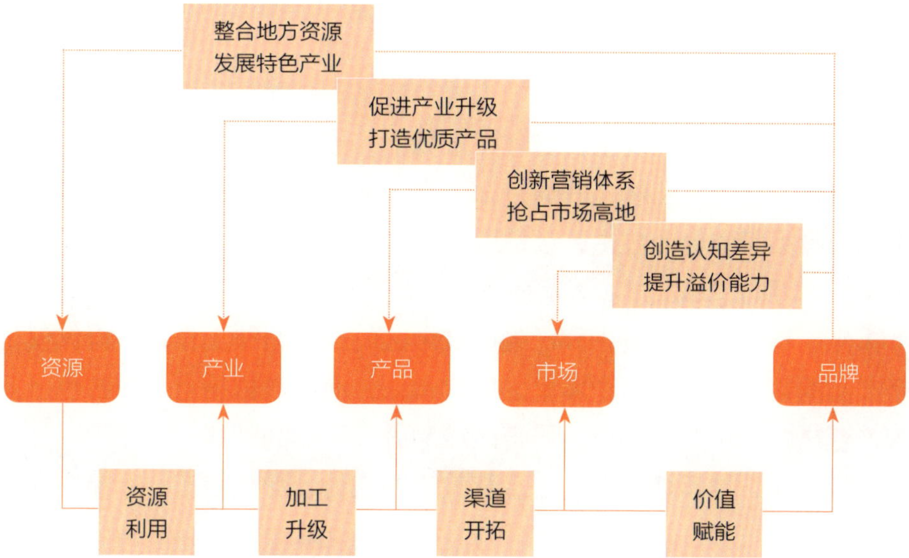

图10-2　现代品牌农业示范园的建设路径图

基于以上的战略构想，未来高校通过帮助规划和建设现代品牌农业示范园而实现产业扶贫，可以在以下方面开展工作：

（1）在产品价值提升上，高校帮扶团队要从“消费端”倒推回“生产端”，通过制定清晰的品牌承诺，倒回农产品产业链上各个环节，引导和帮助企业从产业链上的各环节提升产品的品牌价值，真正实现农产品的市场溢价和消费需求的满足。

（2）在企业价值提升方面，高校帮扶团队主要通过“商业品牌培育”以及“公益品牌培育”这两种方式来为企业品牌进行赋能。“商业品牌培育”主要是指在找到农业企业品牌基因的前提下，为农业企业本身所拥有的商业品牌进行策划，提升农业企业品牌形象，增强其企业知名度以及美誉度，从而帮助其实现增收增效和可持续发展。“公益品牌培育”主要是指在找到农业企业品牌基因的前提下，为企业策划公益品牌，从而实现树立企业形象、增强企业知名度及美誉度、实现可持续发展的目的。

（3）在产业价值提升方面，高校帮扶团队通过制定清晰的区域公用品牌的价值承诺，倒推回农业全产业链，并对各个环节提出具体要求，通过引进资源等方式，帮助实现第一产业向第二产业转型，第二产业向第三产业转型的目的，从而实现一、二、三产业融合，最终盘活农村闲置资源，提升产业附加值，实现增收增效和可持续发展，最终带动该区域的农村经济振兴。

高校帮扶团队协助构建现代品牌农业示范园，不仅仅聚焦于农产品的生产和管理，而且更多地把资源和精力放在培育优质而有特色的农产品品牌、企业品牌和区域公用品牌上，呈现在市场上的不仅仅是园区的规模与产品的品质，而是响当当的品牌，并通过知名度、美誉度、联想度、忠诚度以及市场影响力等品牌资产的打造，创造区域级乃至国家级、世界级的知名品牌，为国家所倡导的“质量兴农、品牌强农”战略做出实实在在的贡献。

未来，诸如云县等贫困和已经脱贫地区的产业帮扶工作，不再仅仅是某一个产品的帮扶或者某一个零星区域的帮扶，而应该依据当地的特色产业，完善产业链各个环节的建设，培育区域品牌、企业品牌和产品品牌，打造整体的品牌农业，并争取政府的资金和政策的支持，形成示范，才能在提升产业扶贫绩效的同时，实现示范效应，带来更大范围的影响。

三、推动人才下乡

高校具备充足的人才资源，有着广泛的社会联系，可以为乡村振兴和产业扶贫引进和培养急需的人才，推动更多科技成果应用到田间地头。畅通各类人才下乡渠道，支持大学生、退役军人、校友企业家等到农村干事创业。

一方面，高校可以安排专业的师资队伍，下到乡村，整合利用农业广播学校、农业科研院所、涉农院校、农业龙头企业等各类资源，加快构建高素质农民教育培训体系。

另一方面，高校配合团委培养产业扶贫“领头雁”的工作。2016年10月12日，《共青团广东省委员会关于培育“领头雁”农村青年人才为助力精准扶贫精准脱贫三年攻坚的实施方案》指出：产业扶贫是夺取精准扶贫胜利的关键，农村青年人才是实施特色产业脱贫的关键，他们是农村最活跃的先进生产力，是带领群众共同致富的先锋队，是产业扶贫的“领头雁”。高校可以在校团委的组织领导下，在学校的学生团员中选拔一批具有专业技能、愿意扎根农村、有致富经验的青年带头人，对他们在资金上支持，在技术上指导，在市场上引路，培养他们成为适应农村发展要求的新型职业农民，通过他们提高青年农民组织化程度，进一步带动有条件的农户自主创业、致富成才，为农村产业脱贫注入强劲动力。

2018年开始，华南理工大学工商管理学院中国品牌战略发展中心联合广东营销学会乡村品牌振兴专业委员会、中央电视台《品牌责任》栏目、新牧网以及温氏集团、海大集团、碧桂园集团、新希望集团等农牧业的龙头企业联合发起了“让爸爸回家”的大型公益活动。该活动旨在通过整合全社会的资源，为在外务工人员或有志于扎根乡村、践行振兴乡村经济的有志之士搭建创业或就业的平台，从而充分挖掘乡村的资源，打通乡村一、二、三产业，让全社会都关心农业、帮扶农业、振兴农业，并分享农业创造的红利，最终实现乡村产业振兴。

“让爸爸回家”人才回乡创业帮扶计划有两种模式，一是“项目+个人”模式，该模式主要依托“公司+农户”形式，由项目拥有主体（企业/组织）向有意愿返乡创业及就业的城市务工人员或有志于在农村发展的有志之士提供生产原料和技术等，签订相关合同，由返乡“爸爸”们进行生产加工等工作。以温氏为代表，“让爸爸回家”活动通过促进农户与企业进行合作，提高农户的生产技术水平，降低农户的销售风险，从而让农户得到稳定的收入。二是“产业+平台”模式，主导的方向是整合社会资源，帮扶产业振兴，推动一、二、三产业的融合和联动，实现品牌强农。对于当地有产业的乡村，发展和壮大当地产业，对于当地无产业的乡村，引进相关产业到当地。通过“乡村品牌振兴专业委员会”这一平台，让农户都加入特色产业发展的行列之中，从而实现产业振兴，农民脱贫致富。

目前已有3500多人回乡创业，带动了当地的产业快速恢复，为农民带来了数亿元的收入。

四、创新农产品销售模式

产业扶贫，关键是流通和市场。未来，高校帮扶团队将与各类农产品生鲜渠道密切合作，在线下门店的基础上设立“让爸爸回家”乡振品牌生活馆，将与各地区国家地理标志产品进行深度合作，打造国家地理标志产品品牌集群，并通过连锁经营的方式覆盖全国的社区市场，将各地最优质、最具特色的农产品从农场直达消费者餐桌。

“品牌生活馆”将办成中国农业品牌的展销馆，对地方的优质产品以及“爸爸”回家创业生产的合格产品进行全方位的品牌包装和市场销售，保证这些回家“爸爸”的稳定收入；还将为全国各地的特色农产品及其品牌提供体验和销售的平台，通过社区团购、直播带货、食材定制直采直供的方式帮助打开市场，增加农民返乡创业/就业机会，在帮助解决农村留守儿童和空巢老人等社会问题的同时，实现农民的快速增收。

品牌农业要发展，就必须通过独特的渠道将生产的产品销售出去，从而体现品牌价值。产品要精准地直接到达客户手中，从生产地到客户是完整的供应链。产品经过多重流转就失去了产品的在地性，也失去了品牌农业的价值和意义。要突出品牌的价值，就要通过独立的平台进行营销，通过“品牌生活馆”，让客户尝到最新鲜的原产地农品。客户到生活馆真实品尝原产地的农品，可以直接在店下单，再通过订单式定制消费直接把农品从原产地通过冷链物流快速送到客户手中。“品牌生活馆”在全国的开设，突出了产品的原真性和在地性，并逐步建立品牌的口碑。

同时，还可以借助数字技术，对农产品进行从生产端到销售端的全产业链优化，从而促进农产品销售的良性发展；依靠互联网平台，整合实体门店、物流、融媒体、供应链等，打通线上、线下从产品到服务的市场输出，改善消费环境的同时，促进乡村经济发展。

五、建立乡村振兴产业实验室

为了更好地统领高校产业扶贫的工作，实现项目落地、研究支撑、成果展示，在学校扶贫领导小组的指导下，我们建立了乡村振兴产业实验室。该实验室是连接政府政策及商业转化落地的桥梁，其功能是打造“产学研资媒渠”转化模式，探索乡村产业振兴、人才振兴的商业模式，争取“乡村振兴战略”目标落地更好更快地实现。

乡村振兴产业实验室的建设包含商业模式沙盘演示、农业农村产业成果展示、企业管理及品牌运作培训、农业产业高新技术研发、实验室成果转化以及应用推广、高新技术知识产权的申请及保护等内容。具体建设步骤如下：

（一）农业农村产业成果展览馆

高校帮扶农业农村产业成果展览馆包含品牌孵化展览馆及优秀项目成果展示馆。品牌孵化展览馆将分为全国知名农产品品牌展览区、成长型农产品品牌展览区和扶贫品牌展览区三大板块，搜集和采访这三大类品牌的发展历程、品牌理念和定位、独特优势等资料，进行归纳、总结、分类、设计以及展示，在现场以VR、全息投影、场景化布置等形式进行展示。

优秀项目成果展示馆将为“创青春”以及“互联网+”青年创新创业涉农和扶贫红旅的获奖优秀项目、“领头雁”优秀项目等提供成果展示平台和项目对接落地。

（二）农业农村产业发展及乡村振兴青创培训基地

农业农村产业发展及乡村振兴青创培训基地，拟设置新零售商业模式、门店经营技巧、品牌营销、品牌管理、农业产业链运作模式分析与借鉴、企业融资筹划等相关课程。每门课程将根据不同的授课对象，编写不同的课程体系，将理论与实践相结合，邀请企业家、知名专家、高校教授进行授课。

建设“让爸爸回家”创业故事汇展区，将创业“爸爸”的励志故事广泛传播。

定期举办产业研讨会、场景实训、创新赋能培训等（开放式培训室），探讨新零售商业模式，实现乡村产业创业就业人员技能的快速提升。

（三）农业农村成果转化演讲厅及直播室（粤品说直播间）

实验室将设置演讲厅及直播室。演讲厅将给各农业产业链相关企业家提供一个展现自身优势和价值的分享平台，打造一场集技术、品牌、设计、金融为一体的演讲盛宴，邀请农产品企业负责人进行演讲和讨论，并通过媒体渠道进行播放。

直播室将为加入实验室进行孵化的农产品品牌提供直播带货的机会和服务，可联动该农产品企业的当地政府及NGO组织，精心挑选符合要求的主播及带货嘉宾，为农产品品牌进行网络销售。

实验室还将设置推广室、会议室，利用自身产业、品牌和渠道的优势，集合主流媒体、高校专家、投融资等多方资源，实现多种业态功能的互补、聚合增值。

（四）引入社会资源，帮扶乡村产业振兴和人才回流创业

高校可以与“中国青创板”综合金融服务平台合作，按照协同推动、政策扶持、市场运作的原则，以创新孵化+综合服务为方向，为与乡村产业振兴有关的青年创业项目和企业提供上板挂牌、孵化培育、投融资辅导、创业培训、路演宣传等综合服务，促进青年创业公司与“中国青创板”优势资源协同整合，推进建设“中国青创板”特色产业生态与开放平台，打造扎根大湾区、辐射全国、面向世界的产业化创新创业赋能平台。

乡村振兴产业实验室将充分发挥连接政府、政策及商业转化落地的桥梁

作用，在五年内打造成熟的“产学研资媒渠”转化模式，实现“四个百、三个一”工程，预期建设成果如下：①孵化百个创业项目；②帮扶百位创业青年；③培育百个“青农优品”品牌；④争取实现农业产业链的百亿产值；⑤组建一个乡村振兴专家委员会；⑥编制一套农业新零售商业领袖培训体系；⑦搭建一套乡村振兴青年创业孵化基地运营体系。

实验室的不断运作和培育，使高校可充分利用自身的资源优势坚持不懈地探索乡村产业振兴、人才振兴的产学研相结合运作模式，以产业帮扶助力乡村振兴宏伟目标的实现！

附录一
华南理工大学教育脱贫攻坚大事记（2013—2020年）

2013年

- 2013年3月，华南理工大学按照教育部关于滇西边境山区区域发展与扶贫攻坚工作的统一部署，定点帮扶云南省临沧市云县，选派资产经营有限公司党委书记朱文建到云县挂职担任副县长，同时选派党委研究生工作部副部长黄国清到云南省普洱市孟连傣族拉祜族佤族自治县（下称“孟连县”）挂职担任副县长。
- 2013年4月，广东省确定河源市和平县彭寨镇群联村（下称“群联村”）为华南理工大学对口帮扶单位。学校选派党委办公室（学校办公室）正科级干部梁劲作为驻村干部进驻群联村。
- 2013年6月，孟连县组团赴华南理工大学商谈产学研合作事宜，调研华南理工校友企业并开展招商洽谈。
- 2013年6月，成立华南理工大学扶贫开发领导小组，学校党委书记、校长任领导小组组长。
- 2013年7月，广东粤微食用菌技术有限公司副董事长李森柱一行到孟连县考察并指导食用菌资源开发。
- 2013年7月，华南理工大学建筑学院周剑云教授、郑力鹏教授带领博士科技服务团到孟连调研，开展孟连城乡规划问诊、娜允古镇保护与开发调研指导，代表学校捐建孟连民族小学爱心图书室。
- 2013年7月，华南理工大学党委书记杜小明带领调研组赴云县、孟连县，围绕边区建设、基层党建、绿色生态种植产业、城乡发展规划等内容进行调研。
- 2013年7月，学校研究生暑期社会实践团队赴孟连县富岩乡开展暑期支教活动，并对孟连县的教育状况做专题调研，形成调研报告。
- 2013年8月，华南理工大学邀请广东省中医院孔畅、林强、林良才三位专家赴孟连义诊并在县人民医院做专题培训。
- 2013年8月，华南理工大学轻工与食品学院吴辉教授，校友企业家林岩、刘睿等一行赴孟连专题调研农产品深加工，现场指导解决企业生产过程中的问题。

· 2013年8月，华南理工大学新闻与传播学院朱剑飞教授、黄桂萍副教授一行赴孟连，就孟连形象宣传片制作开展前期调研。
· 2013年8月，华南理工大学启动群联村村委会综合维修改造一期工程。
· 2013年9月，临沧市委常委、云县委书记李志勇率领党政代表团来校商谈对口帮扶工作和校地合作事宜。校地双方签订了《华南理工大学—云县对口帮扶战略框架协议》。
· 2013 年 10 月，由华南理工大学、广州电视台和珠江电影制片厂的专家、教授及导演组成的联合拍摄组一行 7 人，到孟连拍摄孟连形象宣传片。
· 2013年12月，临沧市云县县长唐永飞一行访问华南理工大学，与学校建筑设计研究院就云县大控蚌地热资源的开发利用和规划设计进行了深入探讨。
· 2013年12月，华南理工大学党委常委、党委办公室（学校办公室）主任陶韶菁带队到群联村调研指导帮扶工作，慰问贫困户。
· 2013年12月，华南理工大学支持群联村启动冬修水利工程，完成1.2公里三面光引水渠修复，受益农田211亩、村民176户。
· 2013年12月，华南理工大学建筑学院党委书记司聚民和周剑云教授第二次赴孟连调研新民居规划与设计。次年3月，《孟连村寨新民居示范工程》图纸交付孟连县政府。

2014年

· 2014年初，华南理工大学派出由中国工程院院士何镜堂牵头组成的专家小组，对云县总体规划修编进行指导，并为云县大控蚌热泉招商引资项目做了概念性规划设计方案，其中“花世界、水天堂”旅游项目方案起点高、理念新、定位准，具有很强的招商引资吸引力，该规划设计方案价值超过300万元。
· 2014年1月，孟连县公信乡班文村小学举行华南理工大学附属小学捐赠衣物和书籍发放仪式，全校108名贫困学生领取了捐赠衣物和书籍。
· 2014年1月，华南理工大学党委书记杜小明带队到群联村调研指导扶贫工作，出席礤下村村道硬底化工程奠基仪式，并代表学校向群联村捐赠扶贫资金。
· 2014年4月，华南理工大学选派电力学院党委副书记李华兵到云县挂职担任副县长，选派轻工与食品学院高级工程师陈荣到孟连县挂职担任副县长。

- 2014年4月，华南理工大学20多位外籍教师、留学生组队到群联村开展乡村义教活动，并为村小学捐赠图书和教学用品。
- 2014年6月，华南理工大学支持群联村所属的11个自然村完成11座垃圾收集站建设工作。
- 2014年7月，河源市委常委、市委组织部部长白涛到群联村考察指导村党组织建设，看望和慰问华南理工大学驻村干部。
- 2014年7月，华南理工大学工商管理学院EMBA师生集体资助患有先天性白内障的群联村贫困学生钟玉玲到广州完成手术治疗，让9岁的小女孩重见光明。
- 2014年7月，华南理工大学建筑学院师生团队到群联村开展乡村规划建设编制调研工作。
- 2014年8月，华南理工大学党委副书记、纪委书记刘琪瑾带领专家团队到孟连县调研，指导智力帮扶工作和探讨对孟连县咖啡企业的产业帮扶方案。
- 2014年8月，华南理工大学暑期“三下乡”云南支教服务队36名大学生志愿者到云县民族中学支教。
- 2014年8月，华南理工大学党委副书记、纪委书记刘琪瑾带队赴云县对接需求，商洽帮扶项目。新希望六和股份有限公司联席董事长兼首席执行官陈春花教授一同前往，为云县高原特色养殖产业把脉，提出指导意见。
- 2014年9月，华南理工大学在云南茅粮酒业集团有限公司设立“专家工作站”的申请获云南省立项批准。
- 2014年10月，华南理工大学党委副书记、纪委书记刘琪瑾到群联村考察指导帮扶工作，并代表学校捐赠扶贫资金。
- 2014年10月，华南理工大学在广州举办“2014年云县领导干部培训班”，培训云县干部50余人。
- 2014年10月，在前期试验种植成功的基础上，华南理工大学在群联村开展200亩百香果基地种植项目，发动贫困户及其他村民参加。
- 2014年11月，华南理工大学在群联村开办百香果种植培训讲座，当地村民踊跃参加学习。
- 2014年11月，由华南理工大学全额资助建设的群联村中心桥工程顺利完工并通过验收，桥面宽4.5米，承重10吨。
- 2014年11月，云县相关领导在华南理工大学2014年校友理事会暨海内外校友分会负责人会议上作专题推介。

- 2014年12月，华南理工大学开展“华工真情 迎冬送暖”——援助滇西物品捐赠活动。全校师生共捐出书籍6804册、衣物6300件、文具3827件，价值约45万元。
- 2014年12月，华南理工大学工商管理学院EMBA学员一行20人到云县游学。
- 2014年12月，在华南理工大学的协调下，上海市慈善人士秦志刚在上海企业家的支持下，为孟连县腊福小学师生每人配置一套床上保暖用品，配置羽毛球拍及羽毛球，组建校羽毛球队。

2015年

- 2015年1月，华南理工大学党委书记杜小明到群联村考察指导帮扶工作，并为学校支持建设的明福路（礤下村自然村道）、中心桥以及村委会综合改造工程等帮扶项目的落成揭牌。
- 2015年1月，华南理工大学组织群联村村民和贫困户共同成立了“华群种植专业合作社”，以发展优质水稻、百香果、高山茶油种植为“三驾马车”的产业扶贫工作全面提速。
- 2015年3月，在华南理工大学的协调下，上海市慈善人士秦志刚在上海“同一苍穹下”基金会的支持下，发动社会爱心捐赠，资助孟连县35名失依儿童的学习及生活，每个失依儿童每年获得资助款3600元，资助活动持续至今。
- 2015年4月，华南理工大学选派继续教育学院副院长张坚雄挂职担任云南省云县副县长，选派大学城校区管委会学生工作办公室副主任吴远东挂职担任云南省普洱市孟连县副县长。
- 2015年6月，华南理工大学轻工与食品学院李汴生教授赴孟连县考察调研，并代表学院与孟连华盛农牧科技发展有限公司签订了技术开发合作协议，双方围绕“滇西特色牛肉精深加工产品及技术项目”以及产业化展开合作。
- 2015年6月，华南理工大学组织开展“情牵孟连·爱心助学”捐赠活动，发动学校师生捐献爱心物资，折合人民币16万元。
- 2015年6月，华南理工大学资助云县一中30万元建设“华园馨香计算机室”。
- 2015年7月，华南理工大学经济与贸易学院电子商务系左文明教授等专家一行3人赴孟连县考察指导电商产业发展。
- 2015年7月，华南理工大学研究生暑期支教志愿者服务队赴孟连一中开展支教活动。

- 2015年8月，根据中央关于选任第一书记到贫困地区挂职有关工作要求，华南理工大学选派就业指导中心科长鲁明挂职担任云县茂兰镇茂兰村第一书记。
- 2015年8月，华南理工大学联系广东华文航空艺术职业学校捐资援建云县茂兰镇“后山小学爱心浴室”；联系广东户外媒体村捐资援建云县大寨镇“慢赖邦别小学爱心浴室”，解决了山区400多名小学生洗热水澡难的问题；联系香港贝尔幼儿教育集团对茂兰镇的5名特困、残疾儿童进行一对一帮扶。
- 2015年8月，华南理工大学联系广东华文航空艺术职业学校与云县教育局签署《教育扶贫战略合作协议》，对学生就读及就业进行全面帮扶。
- 2015年8月，华南理工大学继续教育学院与云县教师进修学校签署合作办学协议，在云县设立网络教育校内学习中心，在学费、免试免考、学历学分互认等方面给予多项优惠政策。此外，华南理工大学广州学院给予云县学子每人每年5000元的学费优惠。
- 2015年8月，华南理工大学党委副书记、纪委书记刘琪瑾赴孟连县考察指导工作。
- 2015年8月，华南理工大学公共管理学院党委书记邬智一行4人赴云县、孟连县考察指导，并为云县和孟连县干部进行了“群体性事件治理与舆情应对”和“基层公务员的压力化解与工作动力再注”的培训，“华园云州大讲坛”（第一期）成功开讲。
- 2015年8月，华南理工大学艺术学院党委书记冯向阳、副院长梁军教授带领的专家组一行7人赴孟连县开展为期8天的艺术教育培训交流活动。
- 2015年8月，华南理工大学党委副书记、纪委书记刘琪瑾一行赴云县考察调研，深入了解帮扶需求，对接合作。
- 2015年8月，云南省委组织部、科技厅、财政厅、人力资源和社会保障厅联合批准中国茅粮酒业集团有限公司成立“曾新安专家工作站”，工作站正式挂牌。
- 2015年8—9月，华南理工大学校长助理、经济与贸易学院党委书记吴业春及经济与贸易学院副院长江金波教授等专家一行4人赴孟连县考察指导旅游产业发展。
- 2015年8月—2016年4月，华南理工大学先后投入资金450多万元用于开通与维护“华园云州在线讲坛”，并免费向包括云县在内的整个临沧地区开放学校优质在线学习资源。

· 2015年9月，华南理工大学化学与化工学院向来自云县茂兰镇茂兰村的新生发放5000元助学金，大学城学工办给该生安排了勤工助学岗位，可为该生提供每月500元的生活补贴。

· 2015年9月，通过互联网公益众筹，华南理工大学成功筹集5万多元资金和40吨水泥帮助群联村群联小学修建操场和门坪。

· 2015年9月，云县县长唐永飞一行带队来校调研座谈，参观华南理工大学轻工与食品学院、建筑学院等，并在干部和企业人才培养、村落规划、职业教育发展、农产品加工等方面提出了具体的帮扶需求。

· 2015年起，华南理工大学教育发展基金会筹资15万元在云县设立学子助学基金，连续五年，每年提供3万元，对贫困学子进行资助帮扶。

· 2015年10月，华南理工大学轻工与食品学院李汴生教授团队与孟连华盛农牧科技发展有限公司联合申报的科研项目“孟连县生态牧场建设、肉牛育肥及特色牛肉制品加工关键技术研究与产业化”顺利通过云南省科技厅组织的专家评审，项目立项资助经费达300万元。该项目同时被推荐为“云南科技创新强省计划（农业）州（市）党政一把手科技示范工程项目”。

· 2015年10月，华南理工大学党委书记杜小明到群联村检查指导帮扶工作，推进各帮扶项目建设，第一批群联百香果开始上市销售。

· 2015年11月，华南理工大学成功举办孟连县2015年“互联网+农业”电商（广州）培训班。

· 2015年11月，华南理工大学成功举办孟连县2015年中小学骨干教师（广州）培训班。

· 2015年11月，华南理工大学附属实验学校分别与孟连县公信乡中心学校和孟连县民族小学签订结对帮扶协议。

· 2015年11月，孟连县农业科技考察团赴华南理工大学调研学习。

· 2015年11月，云县44名科级以上党政管理干部在华南理工大学参加培训。

· 2015年12月，华南理工大学生物科学与工程学院院长谭文教授到云县实地考察调研云县生物产业，并达成初步的战略合作意向。

· 2015年12月，华南理工大学联系佛山华粤教育集团、广州中元教育集团出资援建云县“大寨留守儿童之家”“棠梨坝村留守儿童之家”。

· 2015年12月，华南理工大学联系广州云纵有限公司与大寨镇古树茶专业合作社签订了商贸合同，帮助云县大寨镇销售80多万元的茶叶。

· 2015年12月，华南理工大学“构建多层次、多形式的教育帮扶体系”项目，被教育部评为2015年度“滇西边境片区精准扶贫典型落地项目”。

· 2015年12月，华南理工大学出资20万元援建孟连县民族中学计算机教室1间，为其配套45台教学用机及相关课桌椅等设施。

· 2015年12月，华南理工大学在孟连县设立“华南理工大学励志奖学金”，金额共计15万元，自2016年起连续5年，每年提供3万元奖励孟连县品学兼优的初、高中学生。

2016年

· 2016年1月，华南理工大学教育发展基金会筹资15万元设立“云县学子助学基金”，在云县实施“爱心圆梦大学”捐赠助学行动，自2016年起连续5年，每年对云县家庭经济比较困难的大学生进行帮扶。

· 2016年1月，华南理工大学争取到了中国教育发展基金会润雨计划90万元资金，用以支持云县茂兰镇阳光希望小学宿舍楼项目建设。

· 2016年1月，华南理工大学经济与贸易学院（旅游与酒店管理学院）专家组第二次赴孟连县考察旅游产业发展情况，并正式启动《孟连县旅游发展总体规划》修编工作。

· 2016年2月，华南理工大学食品科学与工程学院李汴生教授前往云县实地考察调研云县高原特色农业、中草药种植、畜牧和食品加工业。

· 2016年2月，在云县第十二届澜沧江啤酒狂欢节期间，华南理工大学联系广州白云山拜迪生物医药有限公司、得园（元亨）投资集团、香港昇丰集团、广东省物资进出口公司、广州诺诚生物制品股份有限公司等客商前往云县参加招商引资推介会，并在边境货物进出口贸易、生物制药开发、软件科技园开发等领域达成初步合作意向。

· 2016年3月，华南理工大学教育发展基金会向云县捐赠了80台mini cooper音乐播放器。

· 2016年3月，华南理工大学附属实验学校领导率附校各学科骨干教师一行6人，赴孟连县开展了为期一周的中小学教育培训交流活动。

· 2016年3月，华南理工大学挂职干部助力孟连县安居工程建设，定点联系孟连县芒信镇芒卡村，实现芒卡村建房合同签订率100%、开工率100%，竣工率名列孟连县各乡（镇）村前茅。

- 2016年3月，华南理工大学驻群联村干部梁劲获评“广东省扶贫开发‘双到’工作优秀个人（2013—2015年）”称号。
- 2016年4月，华南理工大学建筑学院教授、国家一级注册建筑师王国光，硕士生导师吴桂宁以及建筑学院负责人等组成专家团深入云县调研指导村庄规划工作，并就村庄规划为云县作“华园云州大讲坛”第二期专题培训。
- 2016年4月，孟连县医疗卫生考察团赴华南理工大学和广州市部分三甲医院考察学习。
- 2016年4月，得园（元亨）投资集团与云县人民政府签署了《云县高原特色农业及现代化产业体系构建战略合作框架协议》，并在云县注册成立云县翰林茶业有限公司，在云县第一期投资3000多万元收购3300亩生态茶园，后逐步扩大至1万多亩，建设茶厂和初制所，年产值达5000万元，填补了云县出口空白。该集团现在临沧市其他地区均有投资。
- 2016年4月，华南理工大学选派后勤处副处长赵宏挂职担任云南省云县副县长，选派经济与贸易学院副教授徐勇挂职担任云南省孟连县副县长。
- 2016年4月，广东省委确定华南理工大学定点帮扶村为揭阳市惠来县隆江镇孔美村（下称“孔美村”），华南理工大学选派校团委副书记梁劲挂职担任孔美村驻村党总支第一书记兼扶贫工作队队长，选派学校党委办公室（学校办公室）接待与会务管理科科员谢振立、研究生院培养办公室副主任郑锐奇挂职担任孔美村驻村扶贫工作队队员。
- 2016年6月，华南理工大学组织师生多次前往孟连中小学及农业科技企业开展调研活动。
- 2016年7月，云县46名科级以上党政干部来校学习，参加“华园云州大讲坛”第三期专题培训。
- 2016年7月，华南理工大学2名研究生支教团成员到茂兰支教，打造茂兰数字社区。
- 2016年7月，华南理工大学党委书记杜小明到孔美村调研扶贫工作并捐赠扶贫资金。
- 2016年7月，华南理工大学统战部门及有关专家、教授一行12人到云县开展精准扶贫调研，举办了“信息社会来临与社会转型升级”专题讲座。
- 2016年7月，由华南理工大学牵头，联合南方医科大学南方医院与孟连县医院组建的远程会诊系统正式启动。
- 2016年7月，华南理工大学党委统战部部长黄国清率领学校党外专家调研团到孟连开展“华工大讲堂”活动，调研团考察了孟连边合区、县医院等医疗部门及学校，就如何为孟连县医疗部门、中小学进行精准扶贫开展系列调研。同时，出席“华南理工大学向民族中学捐建计算机教室”活动揭牌仪式。

- 2016年7月，华南理工大学经济与贸易学院院长王仁曾、副院长陈珺到孟连慰问，捐赠华南理工大学校服并调研旅游资源和部分学校。
- 2016年7月，华南理工大学选派研究生到云县文体广电旅游局开展为期一个月的社会实践活动。
- 2016年8月，华南理工大学公共管理学院专家学者一行5人前往云县举办“群体性事件预防与应对”专题讲座。
- 2016年10月，华南理工大学帮扶茂兰社区一户茶农打造茶叶品牌“桐缘阁”，同时资助其一台佳能微单相机，帮助其开办微店“云县桐缘阁茶业”和申请微信公众号“桐缘阁茶业”。该微店当年营业额超12万元，年平均营业额超10万元。
- 2016年10月，孟连县四套班子各一名副职带队来华南理工大学进行访问并参加培训。
- 2016年11月，华南理工大学党委书记杜小明、组织部常务副部长吴垒到孟连慰问、座谈和考察。
- 2016年11月，孟连选派学校校长8名、骨干教师16名来到华南理工大学附属实验学校进行跟岗培训。
- 2016年12月，华南理工大学建筑学院叶红副教授带队到孔美村调研，开展社会主义新农村示范村创建规划设计。
- 2016年12月，华南理工大学联系和组织民间热心人士考察16名家庭困难的孟连学生，由深圳和广州的爱心人士长期资助，直到大学毕业。

2017年

- 2017年2月，华南理工大学用为孟连县添置10块电子白板众筹活动第一期的款项购买了5台65寸教学一体机、1台实物展示仪、1台打印机，分别安装在景信乡糯各村小学、景冒村小学、朗勒村小学、勐柏村小学和孟连县民族小学。
- 2017年3月，华南理工大学启动孔美村申报“广东省古村落”“中国传统村落”前期筹备调研工作。

· 2017年4月，华南理工大学启动《孟连县旅游发展总体规划》编写工作。
· 2017年4月，华南理工大学党委副书记、纪委书记刘琪瑾一行前往孟连县开展调研和考察，并代表学校参加孟连县明信片发行仪式。
· 2017年4月，华南理工大学邀请暨南大学附属华侨医院、深圳市第六人民医院7位医学专家到孟连开展义诊和培训，义诊受益人员近300人次，培训受益医生达150人次。
· 2017年4月，华南理工大学选派资产处科员曾嘉钟挂职担任孔美村驻村扶贫工作队队员。
· 2017年5月，华南理工大学选派软件学院党委副书记张健挂职担任云南省临沧市云县副县长，选派轻工科学与工程学院副研究员周雪松挂职担任滇西应用技术大学普洱茶学院教务处负责人。
· 2017年6月，孟连第二批45名领导干部来到华南理工大学参加培训。
· 2017年7月，华南理工大学联系博研慈善基金相关企业家20余人到云县大寨镇就教育帮扶开展调研，并达成捐赠建设荒田小学“爱心浴室”的帮扶意向。
· 2017年7月，云南省临沧电视台《临沧新闻联播》栏目头条以“华南理工大学全力帮扶云县精准脱贫出实效”为题，报道华南理工大学帮扶云县成效。
· 2017年7月，住房和城乡建设部办公厅发布《关于做好第五批中国传统村落调查推荐工作的通知》，孔美村正式启动申报第五批“中国传统村落”工作。
· 2017年7月，华南理工大学研究生院和团委组织相关专业学生8人分别到云县人民政府办、团县委、农业局、林业局、供销社和茂兰社区等有关部门和一家茶企进行为期三周的社会实践服务活动。
· 2017年8月，华南理工大学副校长邱学青到孔美村调研扶贫工作，并会见惠来县主要领导，推动落实孔美村历史文物建筑保护工作。
· 2017年8月，华南理工大学选派经济与贸易学院组织员（正科岗）毛善超挂职担任云县爱华镇德胜村党总支第一书记。
· 2017年9月，华南理工大学党委书记章熙春带领学校相关二级单位负责人以及专家团队赴云县开展调研考察，明确提出“走出一条具有华南理工特色的‘精准扶贫精准脱贫’之路”。
· 2017年9月，致公党广东省委会副主委、华南理工大学公共管理学院院长吴克昌教授为云县主要党政干部近百人做了题为“社会转型背景下的基层治理创新：背景与路径”的学术报告；国内知名品牌战略和传播专家、广东省新媒体与品牌传播创新应用重点实验室主任、华南理工大学段淳林教授为云县主要党政干部及当地企业界代表做了题为“移动互联网时代的整合品牌传播”的学术报告。

· 2017年10月，华南理工大学帮扶孔美村定点扶贫项目“‘五位一体’精准扶贫 协调推进乡村治理”被评为教育部“第二届直属高校精准扶贫精准脱贫十大典型项目”。

· 2017年10月，孟连县四套班子各一名副职带队来到华南理工大学进行访问并参加培训。

· 2017年11月，华南理工大学党委副书记、纪委书记刘琪瑾一行12人到普洱市调研，推进落实精准扶贫工作并捐赠图书。

· 2017年11月，华南理工大学选派生物科学与工程学院正科级辅导员韩红操挂职担任孔美村驻村扶贫工作队队员。

· 2017年11月，华南理工大学鼓励和指导孔美村青年创业致富带头人带领贫困户成立惠来县孔子美种植专业合作社，并建立电商交易平台。

· 2017年12月，华南理工大学协调广州视睿电子科技公司向云县教育系统捐赠70寸的交互智能一体机15台（价值约45万元），设备直接交付云县各乡镇小学，用于提高云县小学英语开课率，同时推动开启云县小学英语提升计划。

· 2017年12月，华南理工大学结合孔美村传统历史人文和产业扶贫成果，推出“孔子美农家香米”，打造特色鲜明的“孔子美”农业品牌。“孔子美—创意文化村落品牌形象塑造项目”获中国包装创意设计大赛一等奖。

· 2017年12月，云县县长字清华率队到华南理工大学对接帮扶工作，华南理工大学党委书记章熙春，党委副书记、纪委书记刘琪瑾先后会见。字清华县长还走访了华南师范大学附属中学、广东实验中学、执信中学、广州市第二中学、广州中学等省市重点高中，积极为云县招聘优秀退休高中教师，助力教育事业的发展，最终成功招聘到北京十二中数学特级教师刘文武、广东实验中学英语高级教师黄少云到云县一中工作。

· 2017年12月，华南理工大学争取到了中国教育发展基金会润雨计划120万元资金，用以支持云县大朝山中学、团结完全小学、茶房临云国税希望小学、漫湾新村完全小学、漫湾完全小学修建围墙、浴室和运动场等。

2018年

- 2018年1月，华南理工大学党委副书记陶韶菁率队赴云县实地调研指导精准扶贫工作，与云县委书记李明奎、常务副县长谭波等进行了全面深入的交流，并正式启动了云县全域旅游规划项目，学校组建了以吴志才教授为组长、魏立华副教授为副组长，文化旅游、规划设计、新闻传播、品牌营销等跨学科专家学者参与的全域旅游规划项目团队，开展了为期十余天的第一阶段调研考察。
- 2018年1月，华南理工大学建筑学院叶红副教授带队完成孔美村《社会主义新农村示范村整治创建规划》的编制工作。
- 2018年1月，华南理工大学指导孔美村在全县范围内率先启动并基本完成新农村示范村整治创建"三清三拆"工作。
- 2018年3月，孔美村《社会主义新农村示范村整治创建规划》获"美丽乡村·幸福蓝图"——"碧桂园杯"南粤村庄（整治）规划设计大赛特等奖。
- 2018年4月，华南理工大学党委副书记、纪委书记刘琪瑾一行6人前往普洱市调研茶产业及咖啡产业发展情况，助力普洱茶学院专业建设。
- 2018年5月，华南理工大学再次选派经济与贸易学院组织员（正科级）毛善超挂职担任云县爱华镇小忙兔村党支部第一书记。
- 2018年6月，华南理工大学联系爱心企业向云县爱华镇小忙兔村捐赠水泥25吨，村民投工投料新修了一条村组道路。
- 2018年7月，华南理工大学党委统战部部长王丹平率党外专家教授组成的统一战线支教团赴普洱茶学院开展学科建设与新教师培训工作。
- 2018年7月，华南理工大学团委首次派遣2名西部计划志愿者高琦、赵征到云县大寨镇慢赖村邦别完全小学开展为期一年的支教工作。
- 2018年7月，华南理工大学驻孔美村工作队队长梁劲获评"揭阳市扶贫模范"称号。
- 2018年7月，云县第一完全中学的15名同学参加全国青少年高校科学营·华南理工大学分营活动。
- 2018年8月，华园云州大讲坛报告会在云县举行，华南理工大学广东旅游战略与政策研究中心主任吴志才教授结合云县全域旅游规划成果和乡村振兴战略，做了题为"发展全域旅游助推乡村振兴——创造云县美好生活"的专题报告。
- 2018年8月，华南理工大学附属实验学校分别与云县民族中学、爱华完全小学和大寨镇邦别完全小学签订帮扶协议，协议双方互派优秀骨干教师交流学习。

- 2018年8月，华南理工大学党委副书记陶韶菁率队赴云南省云县实地调研指导精准扶贫工作，与云县委书记李明奎、县长字清华等进行了全面深入的交流，并开展了云县全域旅游发展总体规划项目终期汇报和投资考察洽谈等工作。规划成果被云县政府采纳并获得高度评价。《云县全域旅游发展总体规划（2018—2035年）》出台，形成了“‘1+5’五位一体”的全域旅游规划成果，即一个全域旅游总体规划加一套云县形象设计系统、一套招商项目库、一个招商宣传专题片、一套品牌推广方案、一套乡村振兴民居改造指引。
- 2018年8月，华南理工大学党委副书记、纪委书记刘琪瑾带领学校附属实验学校教师和学校统一战线医疗专家团队（华南理工大学附属广东省人民医院、附属广州市第一人民医院、校医院医疗专家团队）12人，赴云县开展免费义诊、手术指导、带教查房、学术讲座等一系列教育和医疗帮扶活动。
- 2018年8月，在华南理工大学的支持下，孔美村在全县范围内率先获批惠来县“新农村示范村项目”建设，环村道硬底化项目、雨污分流项目陆续启动实施。
- 2018年9月，经过华南理工大学与云县的共同努力，华南理工大学定点扶贫县云县达到退出贫困县标准，正式退出国家贫困县行列，成为云南省首批、临沧市首个脱贫摘帽县。
- 2018年9月，临沧市50名金融干部来到华南理工大学，参加2018年云南省临沧市投融资专题培训班。
- 2018年9月，华南理工大学帮扶云县项目“打造‘一体化’全域规划，构建‘扶贫链’造血机制”，入选“教育部第三届直属高校精准扶贫精准脱贫典型项目”。
- 2018年9月，华南理工大学校长王迎军到学校大学生创新创业基地，调研“爱心茶”·华南理工大学精准扶贫创业项目，听取了相关负责同志介绍，并指导精准扶贫项目工作开展。
- 2018年9月，云县委书记李明奎一行15人来校调研，在华南理工大学精准帮扶云县工作推进会上，上海秦森园林有限公司与云县签订全域旅游与精准扶贫项目战略合作框架协议书。调研队伍深入广州企业招商考察，并到惠州博罗考察乡村全域旅游示范点。

- 2018年10月，华南理工大学校长高松在2018教育扶贫论坛上做主旨发言，介绍学校扶贫经验，受到教育部领导高度肯定。学校定点扶贫经验被国务院扶贫办《中央单位定点扶贫案例》收录。
- 2018年10月，华南理工大学联系广东裕丰食品股份有限公司等单位赴云县实地考察山地黑骨鸡、核桃等农特产品，签订了12亿元的投资意向书。
- 2018年11月，云县教育系统9人来到华南理工大学附属实验学校参加培训学习。
- 2018年11月，华南理工大学出版社向云县图书馆捐赠图书5000册，价值15万元。华南理工大学图书馆向云县图书馆捐赠图书10000册，价值30万元；捐赠电子书350万册，价值233万元；共享电子数据库资源，价值1852万元/年。
- 2018年11月，华南理工大学广东省村镇可持续发展研究中心常务副主任叶红副教授带队，为云县菠萝村、慢赖村、小忙兔村开展乡村规划调研，分别编制出台了三个村的《乡村发展建设规划》，并开展“华园云州大讲坛”活动。
- 2018年11月，华南理工大学鼓励支持孔美村青年创业致富带头人在村内开办制衣坊，打造“扶贫车间”。
- 2018年12月，华南理工大学党委副书记、纪委书记刘琪瑾到孔美村调研，指导孔美村党组织建设工作。
- 2018年12月，华南理工大学举办云县领导干部综合能力提升培训班，来自云县县委、人大、政府、政协各系统的干部共30人参加了培训。
- 2018年12月，华南理工大学在学校“第一届全球校友代表大会”上积极推介云县产品，帮助销售“爱心茶”1000饼，价值20万元。
- 2018年12月，华南理工大学联系广州控智电子科技有限公司向云县教育局捐赠一批教育信息化设备，价值100万元。
- 2018年12月，华南理工大学校长高松、党委副书记陶韶菁到孔美村调研，指导精准扶贫和新农村示范村建设工作。
- 2018年12月，华南理工大学校长高松带领相关部处负责人、专家、云南校友会负责人等赴云县调研。其间，学校与云县签订了《深化定点帮扶实现脱贫奔康备忘录》《消费扶贫意向书》《“爱心茶”采购协议》，并向云县捐赠价值155万元的资金和物资；华南理工大学经济与贸易学院吴志才教授被特聘为云县经济社会发展顾问。

- 2018年12月，华南理工大学争取到了中国教育发展基金会润雨计划150万元资金，用以支持云县大寨镇慢赖村邦别幼儿园建设项目。

2019年

- 2019年1月，临沧市副市长赵贵祥一行来华南理工大学走访，就临沧市存在的主要困难以及下一步工作计划与学校进行详细沟通。
- 2019年1月，华南理工大学党委组织部部长麦均洪率学校建筑设计院专家一行5人，对普洱茶学院新校区的规划建设进行考察调研。
- 2019年1月，华南理工大学驻孔美村工作队队长梁劲被评为广东省“2018年度扶贫贡献人”。
- 2019年1月，以全域旅游规划中提出的“等你千年，养你一生”为歌名的云县茶歌，在云县新年茶话会上由云县委书记李明奎宣布，并进行了首场公开演出。
- 2019年2月，根据广东省文学艺术界联合会发布的《关于认定第六批广东省古村落的通知》，孔美村入选第六批广东省古村落。
- 2019年2月，华南理工大学驻孔美村工作队队长梁劲获广东省“2016—2018年脱贫攻坚突出贡献个人”称号。
- 2019年2月，云南省委、省政府就华南理工大学对云南多地帮扶工作取得的显著成效发来感谢信。
- 2019年3月，华南理工大学党委副书记、纪委书记刘琪瑾带队到云县开展乡村振兴调研工作。
- 2019年4月，华南理工大学食品科学与工程学院党委书记谭志伟一行11人深入云县调研并开展对口帮扶工作。
- 2019年4月，华南理工大学党委书记章熙春带队到临沧市参加2019教育部滇西脱贫攻坚部际联系会、教育部直属系统扶贫工作推进会，并作为4个“精准扶贫精准脱贫典型项目”直属高校代表之一，介绍了华工—云县帮扶模式。
- 2019年4月，华南理工大学党委书记章熙春深入云县调研当地基础教育和相关产业发展状况并召开座谈会，提出学校将进一步优化、细化全域旅游规划“‘1510’一体化全域发展策略”。
- 2019年4月，华南理工大学对口帮扶云县爱华镇小忙兔村引资项目核桃加工厂完成前期征地工作，正式开工建设，项目总投资200万元。

- 2019年5月，云县彝族协会会长杨天龙一行到华南理工大学录制云县茶歌《等你千年，养你一生》并开展艺术交流活动。
- 2019年6月，《中国教育报》头版以“学校和扶贫点跳出‘产业双人舞’”为题，报道华南理工大学定点帮扶云县的工作经验。
- 2019年5月，根据广东省扶贫工作统一部署，华南理工大学选派华南协同创新研究院副院长苏秋斌挂职担任孔美村驻村党总支第一书记兼扶贫工作队队长。
- 2019年6月，根据住房和城乡建设部、文化和旅游部、国家文物局、财政部、自然资源部、农业农村部发布的《关于公布第五批列入中国传统村落名录的村落名单》，孔美村正式入选第五批中国传统村落。
- 2019年6月，华南理工大学党委副书记、纪委书记刘琪瑾主持召开专题会议，研究在校开展消费扶贫工作。
- 2019年6月，华南理工大学举办帮扶贫困地区农特产品展销会，展示销售云县、孔美村等地区的农特产品，销售额达60余万元；并开展云县农特产品技术、销售对接会。
- 2019年6月，华南理工大学轻工科学与工程学院赴滇西应用技术大学普洱茶学院开展党建活动和对口帮扶调研工作。
- 2019年7月，华南理工大学组织云县27名龙头企业负责人赴京参加“强化科技支撑，助力乡村振兴”专题培训班。
- 2019年7月，华南理工大学选派财务处正科级干部张玉彪挂职担任孔美村驻村扶贫工作队队员。
- 2019年8月，华南理工大学党委组织部部长麦均洪带队赴云县调研，召开座谈会，讨论研究云县全域规划“1510”实施方案，并为学校引进的企业——果果核桃合作社揭牌。
- 2019年8月，华南理工大学团委选派4名西部计划志愿者黄棉、熊桂、孔令融、王泽嵩分别到云县县委办公室、政府办公室、县委组织部开展为期一年的志愿服务。
- 2019年8月，华南理工大学援捐的孔美村村口景观石和文化广场落成。
- 2019年8月，在华南理工大学的推动下，全国首个县级品牌联盟——云县品牌联盟成立。联盟以云县各大产业龙头企业为主体，吸引中小企业、合作社等加入，同时聘请华南理工大学的品牌专家、校友企业家组成专家委员会，一起为云县产业发展出谋划策，为云县扶贫开发贡献力量。

· 2019年8月，华南理工大学选派建筑学院副处级组织员刘卫忠挂职担任云县爱华镇小忙兔村第一书记。

· 2019年8月，华南理工大学校长助理房俊东到云县爱华镇小忙兔村开展调研，并慰问学校驻村干部。

· 2019年9月，华南理工大学投入产业帮扶资金6万元，资助云县爱华镇小忙兔村合办核桃加工厂，并签订了合作协议。

· 2019年，华南理工大学联系唯品会信息科技有限公司，为云县300余名中小学生提供助学金70余万元。

· 2019年10月，华南理工大学党委副书记、纪委书记刘琪瑾到孔美村调研扶贫工作。

· 2019年10月，华南理工大学帮扶云县项目“以智提质　聚财育才　品牌引领助力云县县长振兴”入选“第四届直属高校精准扶贫精准脱贫十大典型项目”。

· 2019年10月，华南理工大学挂职干部张健获得“云南省脱贫攻坚奖扶贫先进工作者”荣誉称号，毛善超获得“临沧市优秀驻村扶贫工作队员”称号。

· 2019年10月，《新快报·广东扶贫特刊》用两个版面的大篇幅对孔美村从“涉毒村”到“打卡地”进行了专题报道，华南理工大学帮扶孔美村的工作引起了社会的广泛关注。

· 2019年11月，华南理工大学幼儿园前往云县草皮街幼儿园开展支教帮扶活动，并与云县草皮街幼儿园签订《华南理工大学幼儿园·云县草皮街幼儿园教育扶贫协议》。

· 2019年11月，华南理工大学附属实验学校校领导带领实验学校部分教师赴云县开展为期五天的支教活动，并向云县中小学生捐赠书本、校服等物资。

· 2019年11月，华南理工大学党委书记章熙春到孔美村调研扶贫工作，并与揭阳市委、市政府主要领导会谈。

· 2019年11月，华南理工大学离退休教工党支部向云县爱华镇小忙兔小学捐赠校服60套，价值约6000元。

· 2019年11月，华南理工大学附属实验学校与云县爱华镇小忙兔小学签订结对帮扶协议，并到部分贫困家庭拜访慰问。

· 2019年12月，孔美村94户贫困户412人率先脱贫，脱贫率达到100%。孔美村的贫困发生率、农民收入、集体收入、人居环境、村道建设、饮水安全、水利和电力设施、电视信号和宽带网络、公共服务、党组织建设十项指标均达到贫困村退出标准，从贫困村出列。

· 2019年12月，孔美村党群服务中心建设项目竣工并投入使用，华南理工大学校长高松，党委副书记、纪委书记刘琪瑾，揭阳市副市长曾瑞如，惠来县委书记蔡淡群共同为党群服务中心剪彩。

· 2019年12月，华南理工大学争取到了中国教育发展基金会润雨计划160万元资金，用以支持云县爱华镇小忙兔小学、漫湾镇密竹林小学、幸福镇幸福完全小学、大寨镇邦别完全小学运动场、厕所、食堂等建设项目。

2020年

· 2020年1月，华南理工大学党委副书记麦均洪主持召开“精准扶贫模式的高校探索——华南理工大学的实践与启示丛书”编写筹备会。

· 2020年1月，华南理工大学荣获揭阳市“优秀帮扶单位”称号，孔美村被评为“揭阳市示范村”“揭阳市特色村”。

· 2020年1月，华南理工大学援建孔美村河堤景观工程竣工。

· 2020年1月，华南理工大学开启首届“孔美少年志 华工帮扶情”冬令营活动，活动为期3天2晚，共邀请了43位贫困学生和优秀学生到广州参观。

· 2020 年 1 月，《羊城晚报》在 1 月 25 日以“毒村蝶变，孔美要建最美村小”为题，专题报道了华南理工大学定点帮扶孔美村的成效，引起社会广泛关注。

· 2020年2月，《人民日报》以“乡村旅游打出品牌”为题，报道华南理工大学对口扶贫云南云县成效。

· 2020年2月，在滇西脱贫攻坚部际联席会暨教育部直属系统扶贫工作推进会议上，华南理工大学定点扶贫云县工作受到教育部部长陈宝生肯定。

· 2020年3月，发源于孔美村的新农村建设方式“小工匠”做法获中央和省扶贫部门肯定，已在揭阳市全市推广。

· 2020年3月，华南理工大学党委副书记麦均洪主持召开定点帮扶云县工作计划研讨会。

· 2020年3月，华南理工大学党委书记章熙春召开“精准扶贫模式的高校探索——华南理工大学的实践与启示丛书”编写研讨会，成立丛书编审委员会，确定各分册负责人，持续推进丛书编写工作。

· 2020年3月，华南理工大学推动孔美村与王老吉供应商广东深华药业有限公司合作，学校投入15万元实施70亩仙草种植项目，并带动康美南药基地和省定贫困村山栗村加入种植行列。

- 2020年4月，华南理工大学云县挂职干部围绕“脱贫攻坚与乡村振兴如何实现有机衔接”主题对云县驻村工作队队员开展培训讲座。
- 2020年4月，华南理工大学—云县定点扶贫工作推进会召开。会议通过视频连线的形式举行，华南理工大学校长高松、党委副书记麦均洪，云县县长字清华、副县长周先荣、县人大常委会副主任穆天平出席了会议。
- 2020年4月，华南理工大学援建孔美村的130千瓦屋顶光伏发电产业项目通过验收，并网发电。
- 2020年4月，《中国教育报》在头版头条以“用知识让山乡挖到‘金矿’”为题，报道了华南理工大学对口帮扶云南云县的工作经验与成效，报道被教育部网站全文转发。
- 2020年5月，华南理工大学驻孔美村第一书记苏秋斌被评为2020年“广东省向上向善好青年”。
- 2020年6月，华南理工大学投入20万元，完成云县爱华镇小忙兔村村委会党群服务中心改造工程。
- 2020年6月，华南理工大学学生工作部（处）购买10000多份普洱茶赠送给全体2020届毕业生作为毕业礼物，以实际行动助力云县脱贫攻坚。
- 2020年6月，中国工程勘察设计大师、华南理工大学建筑设计研究院院长倪阳一行，到云县开展图书馆、文化馆、博物馆以及三河六岸建设调研，并开展“华园云州大讲坛”活动。
- 2020年6月，华南理工大学土木与交通学院教授虞将苗一行到云县爱华镇小忙兔村考察调研。
- 2020年7月，华南理工大学党委副书记麦均洪到孔美村调研扶贫工作，并与揭阳市委副书记陈小锋和惠来县委书记蔡淡群会谈。
- 2020年7月，华南理工大学“精准扶贫模式的高校探索——华南理工大学的实践与启示丛书”编写组到云县调研并开展旅游帮扶。
- 2020年7月，华南理工大学党委副书记麦均洪一行3人到滇西应用技术大学总部开展调研帮扶工作。
- 2020年7月，《南方日报》在“七一”建党节对华南理工大学帮扶孔美村工作和驻村第一书记进行报道，引起社会广泛关注。短短一年时间，学校帮扶孔美村工作的相关报道登上“学习强国”教育平台7次、获得新华社专题报道1次、得到广东卫视报道2次。

- 2020年8月，“华南理工大学计算机科学与工程学院结对帮扶学校”在云县职业高级中学揭牌。
- 2020年8月，华南理工大学法学院夏正林教授在“华园云州大讲坛”做了题为“基层治理中的法治思维与方式”的专题报告。
- 2020年8月，华南理工大学工商管理学院陈明教授为云县品牌联盟企业负责人开展如何打造农产品品牌的培训，培养企业的品牌意识，助力企业打造农产品品牌。
- 2020年8月，华南理工大学团委选派钟淑莹、林译涵、陈思敏、林汉轩、马弘寅、林珊、洪鑫、许永鸿等8名西部计划志愿者到云县晓街、栗树、涌宝、茶房等4个乡镇开展为期一年的志愿服务。
- 2020年8月，华南理工大学联系广东温氏集团下属广东壹先生食品有限公司与云县5家企业签署战略合作框架协议。
- 2020年8月，华南理工大学校长高松、副校长李正带队到云县调研并与西部计划志愿者座谈。
- 2020年10月，华南理工大学等帮扶孔美村项目“从重点涉毒村到美丽红色村的蝶变——华南理工大学牵头组团高校帮扶孔美村　打造定点帮扶新模式”入选“第五届教育部直属高校精准扶贫精准脱贫典型项目”（高校组团式扶贫项目）。

附录二
华南理工大学选派定点扶贫挂职干部基本情况

序号	姓名	派出时间	扶贫地点	扶贫期间职务	派出时校任职务
云南省临沧市云县					
1	朱文建	2013.4—2014.4	云南省临沧市云县	副县长	资产经营有限公司（华工大集团）党委书记
2	李华兵	2014.4—2015.4	云南省临沧市云县	副县长	电力学院党委副书记
3	张坚雄	2015.4—2016.4	云南省临沧市云县	副县长	继续教育学院副院长
4	鲁　明	2015.8—2017.8	云南省临沧市云县茂兰镇茂兰社区	驻村第一书记	学生就业指导中心就业市场与信息科科长
5	赵　宏	2016.4—2017.5	云南省临沧市云县	副县长	后勤处副处长
6	张　健	2017.5至今	云南省临沧市云县	副县长	软件学院党委副书记
7	毛善超	2017.8—2018.4	云南省临沧市云县爱华镇德胜村	驻村第一书记	经济与贸易学院组织员（正科级）
		2018.4—2019.9	云南省临沧市云县爱华镇小忙兔村		
8	刘卫忠	2019.8至今	云南省临沧市云县爱华镇小忙兔村	驻村第一书记	建筑学院副处级组织员
云南省普洱市孟连傣族拉祜族佤族自治县（简称“孟连县”）					
1	黄国清	2013.4—2014.4	云南省普洱市孟连县	副县长	研究生工作部副部长
2	陈　荣	2014.4—2015.4	云南省普洱市孟连县	副县长	轻工与食品学院高级工程师
3	吴远东	2015.4—2016.4	云南省普洱市孟连县	副县长	大学城校区管委会学生工作办公室副主任

（续表）

序号	姓名	派出时间	扶贫地点	扶贫期间职务	派出时校任职务
4	徐　勇	2016.4—2017.5	云南省普洱市孟连县	副县长	经济与贸易学院副教授
滇西应用技术大学普洱茶学院					
1	周雪松	2017.5至今	滇西应用技术大学普洱茶学院	副院长	轻工科学与工程学院副研究员
河源市和平县彭寨镇群联村					
1	梁　劲	2013.4—2016.4	广东省河源市和平县彭寨镇群联村	驻村干部	党委办公室（学校办公室）正科级干部
广东省揭阳市惠来县隆江镇孔美村					
1	梁　劲	2016.4—2019.6	广东省揭阳市惠来县隆江镇孔美村	驻村工作队队长、第一书记	校团委副书记
2	苏秋斌	2019.5至今	广东省揭阳市惠来县隆江镇孔美村	驻村工作队队长、第一书记	华南协同创新研究院副院长
3	谢振立	2016.4—2017.10	广东省揭阳市惠来县隆江镇孔美村	驻村工作队队员	党委办公室（学校办公室）接待与会务管理科科员
4	郑锐奇	2016.4—2017.4	广东省揭阳市惠来县隆江镇孔美村	驻村工作队队员	研究生院培养办公室副主任（正科岗）
5	曾嘉钟	2017.4—2019.4	广东省揭阳市惠来县隆江镇孔美村	驻村工作队队员	资产处科员
6	韩红操	2017.11至今	广东省揭阳市惠来县隆江镇孔美村	驻村工作队队员	生物科学与工程学院正科级辅导员
7	张玉彪	2019.07至今	广东省揭阳市惠来县隆江镇孔美村	驻村工作队队员	财务处正科级干部

附录三
历届教育部直属高校精准扶贫精准脱贫典型项目

高校名称	项目名称
第一届教育部直属高校精准扶贫精准脱贫十大典型项目	
湖南大学	“花瑶花”文化创意产业精准扶贫项目
华中科技大学	科学精准规划　共建美好家园
中国药科大学	发挥药学优势　全力打造“巴山药乡”品牌
清华大学	教育帮扶南涧县典型项目
上海交通大学	思源致远，携手发展
华中农业大学	大力实施“六个一”模式　提升产业精准扶贫效能
北京大学	探索“1+8”帮扶模式　加快推进精准扶贫工作
北京交通大学	发挥学科优势特色　扎实有效推进扶贫工作
浙江大学	科技引领，助推产业扶贫
复旦大学	建立系统长效机制　深入推进健康扶贫
第二届教育部直属高校精准扶贫精准脱贫十大典型项目	
湖南大学	基于地域特色（花瑶）农旅融合创客孵化项目
南京农业大学	“四位一体”助力定点扶贫“精准”落地
中国药科大学	“中药配方颗粒”产业精准扶贫项目
华南理工大学	“五位一体”精准扶贫　协调推进乡村治理
上海交通大学	科技助力产业
浙江大学	洒向苗疆都是爱　育得苗岭花盛开——浙江大学医学院附属第二医院组团式帮扶贵州省台江县人民医院纪实
厦门大学	厦门大学发挥校友作用　推动定点扶贫工作见实效
重庆大学	构建“一二三六”精准扶贫模式　探索精准扶贫新路子

（续表）

高校名称	项目名称
中国农业大学	依托建设平台，激发内生动力 “三精准”助力产业发展
华中科技大学	整合资源精准造血构筑“三个三”健康扶贫体系
第三届教育部直属高校精准扶贫精准脱贫十大典型项目	
华南理工大学	打造“一体化”全域规划，构建“扶贫链”造血机制
南京农业大学	“用金牌、助招牌、造品牌”铸就精准脱贫持久内生动力
华中农业大学	本禹志愿服务队实施“四大工程”助力精准扶贫
浙江大学	景东无量山乌骨鸡良种繁育及产业化技术示范推广
湖南大学	贫困地区人居环境治理模块化系统解决方案
电子科技大学	智慧岑巩 脱贫奔小康
中国药科大学	镇坪县飞渡峡“中药康养小镇”建设项目
中国农业大学	党建扶贫“1234 培养“一懂两爱”农业队伍
同济大学	规划引领，绘就美丽乡村新蓝图
华中科技大学	科技创新培育特色产业 绿水青山就是金山银山
第四届教育部直属高校精准扶贫精准脱贫十大典型项目	
中国药科大学	发展康养产业 巩固脱贫成果 助力乡村振兴
中国农业大学	“科技小院”扶贫新模式 助力镇康县脱胎换骨
中山大学	阿者科计划
南京农业大学	“南农麻江 10+10”行动计划 探索精准扶贫乡村振兴新路径
四川大学	搭建医疗扶贫彩虹桥 救助儿童先心病患者
华南理工大学	以智提质 聚财育才 品牌引领助力云县长振兴
西北农林科技大学	“三团一队”精准发力 助推合阳脱贫摘帽
厦门大学	建设扶贫产业园 探索帮扶新模式
西安电子科技大学	“农掌门”科技扶贫 搭建农民致富新平台
电子科技大学	打造“电子信息 + 教育”扶贫新模式 深入推进“1234”基础教育强基工程

（续表）

高校名称	项目名称
第五届教育部直属高校精准扶贫精准脱贫典型项目	
华南理工大学等	从重点涉毒村到美丽红色村的蝶变——华南理工大学牵头组团高校帮扶孔美村　打造定点帮扶新模式（高校组团式扶贫项目）
西北农林科技大学	让青春梦想与脱贫攻坚同频共振——西北农林科技大学研究生助力脱贫攻坚的探索与实践
西安电子科技大学	金银花开金银来　校地共谋大产业
浙江大学	紫金普洱：一片叶子富一方百姓——浙江大学助力景东茶产业项目简介
电子科技大学	智慧大农业打造精准扶贫新模式，拉开乡村振兴新篇章
中国传媒大学	“光明影院”构筑脱贫攻坚道路的“文化盲道”
兰州大学	书写在陇中黄土高原上的“小草大事业”
中国药科大学	我在镇坪有块“田”　巩固提升脱贫成效　压茬推进乡村振兴
清华大学	首创“乡村振兴工作站”模式　助力脱贫攻坚到乡村振兴的有效衔接
重庆大学	“五帮五促”助攻坚，稳边富民促振兴
吉林大学	养殖场管家，助力农民养牛羊
华中农业大学	弘扬新时代愚公精神　铺筑脱贫振兴希望路

资料来源：依据中华人民共和国教育部网站资料整理而成。

后 记

春播希望种，秋收硕果满神州。2013年起华南理工大学定点帮扶云南省云县、孟连县以及广东省孔美村。2018年9月，云县成为云南省史上第一次、滇西第一批、临沧第一个脱贫摘帽县，正式退出国家贫困县行列。随后，孔美村94户贫困户412人全部脱贫，从贫困村出列。2019年4月，华南理工大学党委书记章熙春再次踏足云南省云县，与吴志才教授等专家团队以及云县挂职副县长张健一同调研时指出，2020年是新时代精准扶贫精准脱贫关键之年，也是决战决胜脱贫攻坚的收官之年，华南理工大学作为“双一流”大学应该有责任担当，总结高校精准扶贫工作经验，推动扶贫成果转化，深化理论模式推广，为高校精准扶贫的理论突破贡献“华工智慧”，同时为后2020时期乡村振兴接续脱贫攻坚高校承担的新使命提供“华工方案”。在此背景之下，“精准扶贫模式的高校探索——华南理工大学的实践与启示丛书”由此诞生。

随后，华南理工大学举全校之力推进丛书编写工作。由学校党政领导统筹，党委组织部、社会科学处、学校出版社等多部门联合推进，汇集公共管理、工商管理、旅游管理等跨学科专家智慧，一线扶贫干部全面参与，历时半年先后举行近十次编写研讨会及近十次实地调研，最终形成三本著作，即《授人以渔：重教扶智实践与创新》《产业崛起：兴业扶产实践与创新》《全域共兴：振乡扶民实践与创新》，总结出华南理工大学“三扶一体”活血路径，“三力协同”长效机制的扶贫模式。此套丛书的编写是对华南理工大学扶贫模式的深化与提炼，华南理工大学定点扶贫的每一个成果，都倾注了无数华工人和云县、孟连县、孔美村等帮扶地区所有党政机关部门及民众的心血与汗水；每一个鲜活、生动的案例背后都是一个个有理想、有抱负、有坚强意志的扶贫干部的缩影，为我们呈现了一幅高校定点扶贫事业的真实图景。

本书《产业崛起：兴业扶产实践与创新》作为三本著作之一，在总结国内外产业扶贫相关理论和实践上，探索了基于品牌价值提升的高校全产业链扶贫模式，并将其应用于华南理工大学定点扶贫单位云南省云县、孟连县扶贫实践：以品牌价值提升促进产业扶贫，从品牌终端调动农村丰富的特色资源、促进产业规模集聚、提高农产品附加值，进而带动农民脱贫致富， 提升贫困地区农业的整体竞争力。随着我国的农业发展战略由“精准扶贫”迈向“乡村振兴”，国家适时提出了“以品牌农业引领农业高质量发展”的号召，这跟我们的研究结论和倡导不谋而合。

回顾我们帮扶乡村产业发展的实践，云咖、云茶、云酒、云鸡……每一个帮扶案例里都凝结着华南理工大学、当地政府与村民、社会各界力量的心血与汗水。本书的编写是在定点精准扶贫取得丰硕成果和显著成效的基础上对华南理工大学产业扶贫模式的系统总结、深化提炼、完善提升。

值此新书付梓之际，向对本书撰写积极建言献策和提供组织保障的学校领导和党委组织部、宣传部、社科处及出版社等相关部门领导和工作人员表示衷心感谢！编写过程中，扶贫干部、教师向我们提供了大量一手鲜活素材，华南理工大学产业扶贫与品牌农业调研团队为本书收集整理了大量调研资料，还有一些同学参与了本书部分内容编写和资料收集。在此，感谢奋战在扶贫一线、亲身实践的扶贫干部、各位同事！感谢林惠婵、罗敏、马宏伟、陈俏妍、李永昊、卓俊豪、王圳娴、邓卓峰、林佳仪、刘入豪、李珊珊、陈筱露、刘敏、赵一瑾、周子昕、陈妍丹、王妍汼、余芬、李芷珊等各位同学！

本书写作分工具体如下：张卫国教授负责起草编写大纲、目录框架，并负责全书统稿；陈明教授负责编写第二章、第三章、第四章、第七章、第八章、第十章；樊霞教授负责编写第六章、第九章；张峰副研究员负责编写第一章、第五章。为了真实感受扶贫工作艰辛，丰富完善扶贫材料，形象生动展现扶贫成果，陈明教授和张峰副研究员及王红彦老师多次实地访问，采访当地领导干部、扶贫干部及相关扶贫对象。陈明教授调研期间还积极主动开展帮扶工作，为云县品牌联盟企业负责人开展如何打造农产品品牌的培训。这些工作都为本书确保高质量、真实性提供了可靠保障。

高校扶贫，我们永远在路上。谨以此书献给关注产业扶贫、乡村产业发展， 致力于乡村振兴的政府管理人员、专家学者、扶贫干部、脱贫致富者等，让我们携起手来，共圆乡村振兴梦！